FATTO IN CASA
da Benedetta 2

BENEDETTA ROSSI

FATTO IN CASA
da Benedetta 2

MONDADORI

LEGENDA

- Per intolleranti al glutine
- Per intolleranti al lattosio

Dove non diversamente indicato, con "zucchero" si intende quello semolato e con "farina" la 00.

- RICETTA LAMPO: non più di 30 minuti
- RICETTA VELOCE: 30-60 minuti
- RICETTA LENTA: più di un'ora
- RICETTA IN DUE TEMPI: preventivare tempo di lievitazione e/o raffreddamento

SOMMARIO

BENVENUTI A CASA MIA!

Sono nata e cresciuta in campagna, dove tuttora vivo, in una casa immersa nel verde delle colline marchigiane che guardano il mare, con Marco, mio marito, e Nuvola, il nostro cane.

Dalla tradizione contadina dei miei genitori e dall'esperienza presso il loro agriturismo nasce la mia passione per il "fatto in casa". Le ricette e i piatti che propongo vengono da questa realtà, dai consigli delle mie nonne, dai profumi che sentivo da bambina, dalle richieste degli amici, dai miei esperimenti. Sono le ricette della tradizione di famiglia, insomma quello che porto in tavola ogni giorno.

Il web e ora questo libro mi consentono di aprire le porte della mia casa e di mettermi in contatto quotidianamente con un mondo più grande, fatto di persone appassionate e piene di energia. Voglio accogliervi nella mia cucina per preparare le ricette insieme a voi, fianco a fianco, come le mie nonne hanno fatto con me, in allegria e serenità. Si dice che siamo nell'era della condivisione, e condividere è sempre stato un principio fondamentale nella mia vita e, ne sono certa, nella vita di tante altre persone. Ora la mia famiglia è solo un po' più grande.

Benvenuti a casa mia!

Benedetta

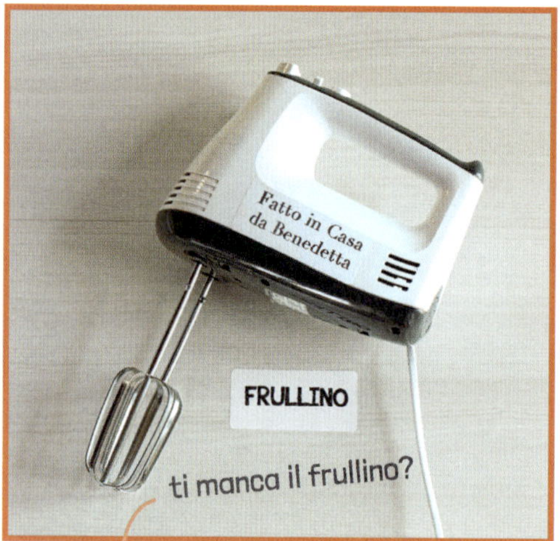
Fatto in Casa da Benedetta
FRULLINO
ti manca il frullino?

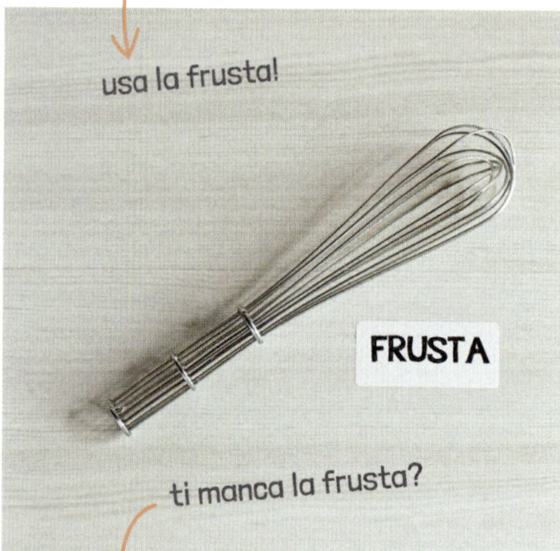
usa la frusta!
FRUSTA
ti manca la frusta?

puoi usare
le forchette!
FORCHETTE

MATTERELLO
non hai il matterello?

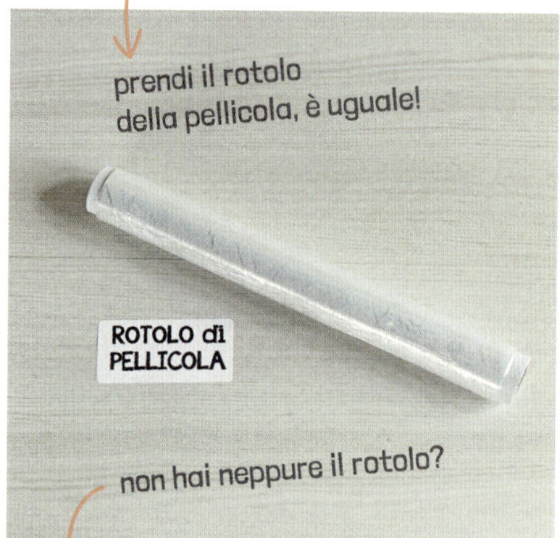
prendi il rotolo
della pellicola, è uguale!
ROTOLO di
PELLICOLA
non hai neppure il rotolo?

usa una bottiglia...
poi bevila!
BOTTIGLIA
di VETRO

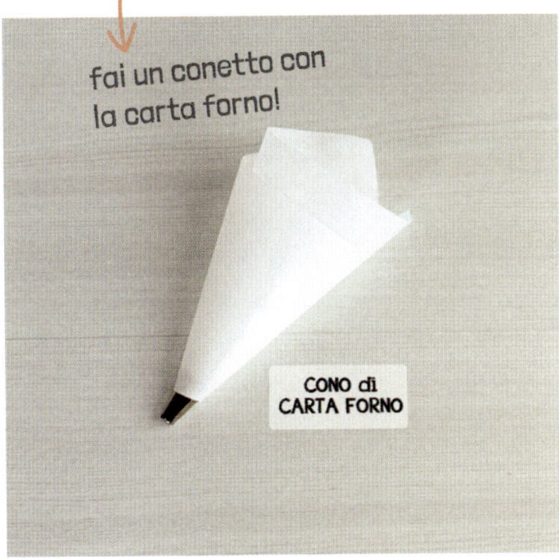

I MIEI UTENSILI

Per cucinare non abbiamo bisogno di acquistare particolari utensili. Quelli fondamentali sono il frullatore, il matterello e la sac à poche. Se non abbiamo nemmeno questi, o si sono rotti improvvisamente, ecco delle valide alternative.

Il frullatore può essere sostituito da una frusta o da due forchette. Possiamo preparare tutto l'impasto di una torta anche solo con le forchette, aggiungendo gli ingredienti e soprattutto le polveri poco alla volta per non formare grumi. Con un po' di pazienza e olio di gomito si possono montare a neve anche gli albumi. Come si faceva una volta, d'altronde!

Il matterello può essere facilmente sostituito con un rotolo di pellicola oppure con una bottiglia di vetro. Alcuni tipi di impasto che non hanno bisogno di una sfoglia sottile si possono allargare anche con le mani (ad esempio quello per la pizza o la pasta frolla per fare i biscotti).

La sac à poche – così utile per decorare o farcire – può essere sostituita con un sacchetto per conservare gli alimenti in freezer oppure con un cono fatto con la carta forno. Tagliamo un angolo con le forbici, inseriamo la bocchetta dall'interno e riempiamo la sac à poche alternativa. Se non abbiamo neanche le bocchette, riempiamo il sacchetto per alimenti e tagliamo con le forbici un angolo della misura desiderata. Allo stesso modo si può fare con un'apertura più o meno stretta al cono di carta forno.

L'alternativa c'è sempre, mai disperare!

*Alzarsi la mattina con il lavoro o la scuola che
ci aspettano è più semplice se iniziamo la giornata
con il nostro dolce preferito, per partire in allegria!
Portiamone un po' con noi nella borsa o nello zaino,
per una merenda che ci ricorda il profumo di casa.*

DOLCE
RISVEGLIO

GIRELLE GLASSATE

15 GIRELLE

ingredienti per la sfoglia

- 100 G DI RICOTTA
- 70 G DI ZUCCHERO
- 80 ML DI LATTE
- 100 ML DI OLIO DI SEMI DI GIRASOLE
- ½ BUSTINA DI LIEVITO PER DOLCI (8 G)
- 330 G DI FARINA

per farcire

- 100 G DI FORMAGGIO SPALMABILE
- ZUCCHERO Q.B.
- 5-6 FRAGOLE MATURE

per la glassa

- 100 G DI ZUCCHERO A VELO VANIGLIATO
- 4 CUCCHIAINI DI ACQUA

1 In una ciotola riuniamo la ricotta, lo zucchero e mischiamo con un cucchiaio fino ad amalgamare completamente. Continuando a mescolare aggiungiamo il latte, l'olio e la mezza bustina di lievito.

2 Iniziamo a incorporare la farina poco alla volta, e impastiamo con le mani sul piano di lavoro fino a unirla tutta. Otterremo un impasto di consistenza liscia ed elastica che non si attacca alle mani.

3 Stendiamo l'impasto su un foglio di carta forno infarinato e cerchiamo di ottenere una sfoglia rettangolare dello spessore di 3-4 mm.

4 Distribuiamo il formaggio spalmabile su tutta la sfoglia. Cospargiamo con lo zucchero.

5 Tagliamo a pezzettini e distribuiamo sulla sfoglia le fragole. Ora arrotoliamo.

6 Rivestiamo uno stampo di 20x30 cm con carta forno: va benissimo uno di alluminio da 6 porzioni. Tagliamo il rotolo a fette dello spessore di circa 2 cm. Sistemiamo le girelle l'una accanto all'altra. Cuociamo in forno statico preriscaldato a 170 °C e lasciamo cuocere per 40-50 minuti.

7 Eccole pronte, sono già buonissime così, ma... manca il tocco finale! In una ciotola mescoliamo lo zucchero a velo con qualche cucchiaino di acqua fino a ottenere una glassa densa e fluida. Versiamo la glassa sulle girelle ancora calde. Si asciugherà in pochissimi minuti.

TORTINE DI CAROTE (CAMILLE)

12 TORTINE

ingredienti

- 1 UOVO
- 100 G DI ZUCCHERO
- BUCCIA GRATTUGIATA DI ½ ARANCIA
- SUCCO DI 1 ARANCIA
- 60 ML DI OLIO DI SEMI DI GIRASOLE
- 30 G DI FECOLA DI PATATE
- 40 G DI FARINA DI MANDORLE
- ½ FIALETTA DI ESSENZA ALLA MANDORLA
- 130 G DI FARINA
- ½ BUSTINA DI LIEVITO PER DOLCI (8 G)
- 150 G DI CAROTE
- MANDORLE IN SCAGLIE Q.B.

1 In una ciotola rompiamo l'uovo e aggiungiamo lo zucchero. Grattugiamo la buccia d'arancia e uniamo anche il succo. Iniziamo a frullare con lo sbattitore elettrico.

2 Sempre con le fruste in azione versiamo l'olio, la fecola, la farina di mandorle, la mezza fialetta di essenza alla mandorla e poi la farina, poco per volta. Infine la mezza bustina di lievito.

3 Ora che l'impasto è pronto, aggiungiamo le carote grattugiate. Mescoliamo con un cucchiaio di legno.

4 In uno stampo per muffin sistemiamo i pirottini di carta, versiamo un cucchiaio di composto in ognuno e decoriamo la superficie con mandorle in scaglie. Trasferiamo in forno statico preriscaldato a 180 °C per 20 minuti.

5 Sforniamo e lasciamo raffreddare. Sistemiamo le camille in una bella alzatina e possiamo servire!

Combinare l'uso dello stampo per i muffin con i pirottini di carta permette di avere dolci tutti della stessa forma, di evitare di imburrare lo stampo e di avere dolcetti pronti da servire appena sfornati, grazie alle tante fantasie e colori in cui sono disponibili i pirottini.

BISCOTTI CUOR DI MELA

12 BISCOTTI

ingredienti per farcire

- 2 MELE
- 2 CUCCHIAI DI ZUCCHERO
- SUCCO DI 1 LIMONE
- ½ BICCHIERE DI ACQUA
- CANNELLA IN POLVERE Q.B.

per la pasta frolla

- 1 UOVO
- 100 G DI ZUCCHERO
- 120 ML DI OLIO DI SEMI DI GIRASOLE
- 1 CUCCHIAINO DI LIEVITO PER DOLCI
- 250 G DI FARINA

1 Prepariamo la farcitura. Sbucciamo e tagliamo a dadini le mele e raccogliamole in un pentolino. Aggiungiamo lo zucchero, il succo di limone e il mezzo bicchiere d'acqua, infine la cannella in polvere a piacere.

2 Mescoliamo bene tutti gli ingredienti e portiamo il pentolino sul fuoco. Lasciamo cuocere con il coperchio per circa 10 minuti, girando ogni tanto.

3 Pensiamo alla frolla. In una ciotola rompiamo l'uovo e aggiungiamo lo zucchero, l'olio e il lievito; iniziamo a mescolare e piano piano incorporiamo la farina.

4 Continuiamo a impastare sul piano di lavoro fino a terminare la farina e ottenere un impasto elastico e liscio. Ecco pronta la pasta frolla!

5 Controlliamo le mele sul fuoco e, quando sono cotte, le schiacciamo un po' con la forchetta. In questo modo avremo una consistenza in parte cremosa.

6 Dividiamo in due parti la pasta frolla. Spolveriamo di farina un foglio di carta forno e mettiamocene sopra una metà. Stendiamo con il matterello, cercando di ottenere una sfoglia rettangolare. Lavoriamola delicatamente, perché la pasta è molto friabile. Facciamo la stessa cosa con l'altra metà. Adesso abbiamo due rettangoli su carta forno.

Dolcetti friabili, cremosi e squisiti, con un morbido ripieno di mela e profumati alla cannella. Tutta la bontà delle mele con una pasta frolla senza burro leggera e digeribile.

7 Su uno dei due distribuiamo il ripieno di mele con un cucchiaino facendo dei mucchietti a distanza regolare l'uno dall'altro, come se dovessimo preparare dei grossi ravioli.

8 Stendiamoci sopra l'altro rettangolo di frolla e rimuoviamo delicatamente la carta forno. Con le dita premiamo tutto intorno ai mucchietti di ripieno per far aderire la pasta.

9 Ora con uno stampo tondo ricaviamo i biscotti. Eliminiamo la pasta frolla in eccesso e portiamo i biscotti cuor di mela sulla placca, aiutandoci sempre con la carta forno.

10 Prendiamo la frolla avanzata, impastiamola nuovamente e ripetiamo l'operazione. Inforniamo i biscotti a 180 °C per 20-25 minuti: ecco pronti i biscotti, croccanti e friabili con un cuore morbido morbido!

Le spezie sono alleati preziosi in cucina e in molte ricette dolci sono indispensabili. Cannella, zenzero, vaniglia, anice e chiodi di garofano sono le più usate, esaltano il gusto e ci conquistano con il loro profumo.

BISCOTTI ALLA PANNA (MACINE)

50 BISCOTTI

ingredienti

- 200 ML DI PANNA DA CUCINA
- 150 G DI ZUCCHERO
- 1 BUSTINA DI VANILLINA
- 50 ML DI OLIO DI SEMI DI GIRASOLE
- 1 UOVO
- 50 G DI FECOLA DI PATATE
- 1 BUSTINA DI AMMONIACA PER BISCOTTI (8 G)
- 420 G DI FARINA

1 In una ciotola versiamo, uno dopo l'altro, la panna, lo zucchero, la vanillina, l'olio, l'uovo, la fecola e la bustina di ammoniaca. Mescoliamo tutti gli ingredienti e incorporiamo la farina poco per volta.

2 Continuiamo a mescolare fino a che l'impasto non diventa più consistente. A questo punto lo trasferiamo sulla spianatoia e lavoriamo con le mani per ottenere un impasto liscio, elastico e omogeneo.

3 Per facilitarci il lavoro, dividiamo l'impasto in due parti. Con il matterello stendiamo la prima sfoglia a uno spessore di 1 cm. Con un coppapasta di 8 cm di diametro ricaviamo dei dischi, mentre con la bocca di una punta da sac à poche facciamo il buco interno della ciambellina. In alternativa possiamo usare un bicchiere per i dischi e un tappo di bottiglia in plastica per il buco.

4 Sistemiamo il composto su una placca rivestita di carta forno. Impastiamo i ritagli, stendiamo di nuovo la pasta e ricaviamo altri biscotti. Procediamo così fino a usare tutto l'impasto e riempire la placca.

5 Mettiamo in forno preriscaldato e lasciamo cuocere per 15-20 minuti a 170 °C in modalità statica, oppure a 160 °C in forno ventilato. Durante la cottura le macine crescono e prendono la loro forma caratteristica. È possibile che sentiate odore di ammoniaca: è assolutamente normale, scompare del tutto dopo il raffreddamento, quando sistemeremo i biscotti in un bel cesto e potremo portarli in tavola per la colazione!

FROLLE RIPIENE SENZA BURRO

15 FROLLE

ingredienti per la pasta frolla

- 1 UOVO + 1 ALBUME
- 80 G DI ZUCCHERO
- 75 ML DI OLIO DI SEMI DI GIRASOLE
- 1 CUCCHIAINO DI LIEVITO PER DOLCI
- BUCCIA GRATTUGIATA DI ½ LIMONE
- 320 G CIRCA DI FARINA

per farcire

- 50 G DI RICOTTA
- 15 G DI ZUCCHERO
- 5 G DI CACAO AMARO
- BUCCIA GRATTUGIATA DI ½ LIMONE

per decorare

- 1 TUORLO
- GRANELLA DI ZUCCHERO Q.B.

1 Prepariamo la pasta frolla. In una ciotola rompiamo l'albume e l'uovo intero. Il tuorlo avanzato lo teniamo da parte, servirà più avanti. Aggiungiamo lo zucchero, l'olio e la buccia di limone. Infine il lievito. Mescoliamo bene.

2 Iniziamo a incorporare la farina poco alla volta. Lavoriamo l'impasto fino a ottenere una consistenza liscia e omogenea, che non si attacca alle mani.

3 Pensiamo alla farcitura. In una ciotola versiamo la ricotta, lo zucchero, il cacao e la buccia di limone. Mescoliamo con un cucchiaio per amalgamare. In alternativa possiamo usare crema spalmabile alle nocciole oppure la confettura che preferiamo.

4 Dividiamo in due parti la pasta frolla e stendiamola a uno spessore di 0,5 cm. Ricaviamo i biscotti con un tagliapasta circolare di 6 cm di diametro. Vanno benissimo anche un bicchiere piccolo o una tazza. Formiamo dei dischi e togliamo la pasta in eccesso.

5 Mettiamo un cucchiaino di farcia su metà dei dischi. Con il pennello e un po' d'acqua inumidiamone i bordi. Quindi sovrapponiamo un altro disco, premendo bene per sigillare. Ripetiamo l'operazione fino a usare tutta la pasta frolla che abbiamo preparato. Sistemiamo i biscotti ripieni sulla placca rivestita di carta forno.

6 Aggiungiamo un cucchiaino di acqua al tuorlo avanzato, sbattiamo bene e spennelliamo su tutta la superficie delle frolle ripiene. Distribuiamo la granella di zucchero per decorarle. Trasferiamo in forno già caldo in modalità statica e lasciamo cuocere 20 minuti a 180 °C, oppure per 20 minuti a 165 °C in forno ventilato.

MUFFIN CUOR DI NUTELLA

12 MUFFIN

ingredienti

- NUTELLA Q.B.
- 2 UOVA
- 100 G DI ZUCCHERO
- 75 ML DI OLIO DI SEMI DI GIRASOLE
- 60 ML DI LATTE
- 230 G DI FARINA
- ½ BUSTINA DI LIEVITO PER DOLCI (8 G)
- GRANELLA DI NOCCIOLE Q.B.

1 Prima di tutto prepariamo il nostro cuore di Nutella. Per fare in modo che rimanga esattamente al centro del muffin abbiamo bisogno di un cioccolatino solido. Rivestiamo quindi un vassoio o un piatto con un foglio di carta forno. Con un cucchiaino, formiamo 12 palline di Nutella: saranno i nostri cioccolatini. Mettiamoli in freezer per un'ora a solidificare.

2 Adesso prepariamo l'impasto. In una ciotola rompiamo le uova e frulliamo con lo sbattitore elettrico. Incorporiamo lo zucchero, l'olio, il latte e, sempre frullando, uniamo la farina poco per volta.

3 Quando il composto risulta perfettamente omogeneo, aggiungiamo il lievito e amalgamiamo per bene anche questo. Il nostro impasto per muffin è pronto!

4 Prepariamo lo stampo per muffin con i pirottini di carta. Versiamo l'impasto con un cucchiaio a riempire solo i due terzi di ogni pirottino. Sistemiamo i cioccolatini di Nutella al centro di ogni muffin, quindi ricopriamo con l'impasto rimasto. Prima di infornare, decoriamo con la granella di nocciole.

5 Ora cuociamo in forno statico preriscaldato per 20-25 minuti a 180 °C. Una volta sfornati, possiamo sistemare i muffin in un bel piatto o su un'alzatina e quando si saranno raffreddati potremo servirli. Ma prima dobbiamo assaggiarli per controllare che siano buoni! Il muffin è morbidissimo e il suo cuore di Nutella si è sciolto completamente. Assolutamente golosi!

L'impasto semplice del muffin con il cuore di Nutella e la croccantezza della granella di nocciole regaleranno in pochi minuti un dolce squisito.

BRIOCHE NUVOLE RIPIENE

20 BRIOCHE

ingredienti per l'impasto

- 200 ML DI LATTE
- 20 G DI LIEVITO DI BIRRA
- 60 G DI ZUCCHERO
- 100 ML DI OLIO DI SEMI DI GIRASOLE
- 1 BUSTINA DI VANILLINA
- 2 UOVA
- 550 G DI FARINA (METÀ 00, METÀ MANITOBA)

per la crema

- 250 ML DI LATTE
- 50 G DI ZUCCHERO
- 20 G DI AMIDO DI MAIS
- 1 BUSTINA DI VANILLINA

per farcire

- 200 ML DI PANNA FRESCA
- 1 CUCCHIAIO DI ZUCCHERO

per decorare

- ZUCCHERO A VELO Q.B.

1 Prepariamo l'impasto: in una ciotola versiamo il latte tiepido e sbricioliamo il lievito di birra. Aggiungiamo lo zucchero, l'olio e la vanillina. Rompiamo le uova e iniziamo a mescolare.

2 Incorporiamo la farina poco per volta. Appena l'impasto è solido, lo versiamo sul tavolo e lo lavoriamo con le mani fino a ottenere un composto liscio ed elastico.

3 Trasferiamo l'impasto in una ciotola pulita, facciamo un'incisione a croce e copriamo con la pellicola e poi con un panno. Lasciamo lievitare per 2 ore al caldo.

4 Passiamo alla crema. Scaldiamo il latte in un pentolino. Nel frattempo riuniamo in una ciotola lo zucchero e l'amido di mais, quindi aggiungiamo la vanillina e cominciamo a mescolare con una frusta. Quando il latte è caldo, lo uniamo al composto. Portiamo sul fuoco e mescoliamo fino a che non si addensa: ci vorranno 3-4 minuti. Spegniamo il fuoco e copriamo la pentola con la pellicola. Lasciamo raffreddare completamente.

5 Finita la lievitazione, lavoriamo l'impasto per qualche minuto, poi lo stendiamo con il matterello a un'altezza di circa 2 cm.

6 Ora con un tagliapasta di circa 6 cm di diametro (oppure con un bicchiere o una tazza) ricaviamo dei dischi da sistemare sulla placca. Copriamo con la pellicola e poi con un panno e lasciamo lievitare per circa 20 minuti.

7 Inforniamo quindi a 180 °C per 15-20 minuti in modalità statica. A fine cottura i dischi di pasta saranno gonfi come delle palline e dorati in superficie: ecco le nostre nuvole! Appena sfornate, le spennelliamo subito con acqua.

8 Completiamo la preparazione della farcitura. In una ciotola versiamo la panna fresca e lo zucchero e montiamo ben fermo. Riprendiamo la crema al latte ormai fredda e la frulliamo per qualche secondo per ammorbidirla, quindi la incorporiamo alla panna montata e frulliamo ancora.

9 Tagliamo in orizzontale le nuvole con un coltello, come se fossero dei panini. Attenzione: non separiamo le due parti, ma affondiamo il coltello solo per tre quarti.

10 Riempiamo una sac à poche con la crema e farciamo le nuvole.

11 Sistemiamole su un bel vassoio e spolveriamo di zucchero a velo. Siamo pronti per servire e assaggiare questi dolci golosi e morbidosi!

Dolci soffici che richiamano proprio le nuvole e la neve, nella consistenza, nel morbido ripieno completamente bianco e nello zucchero a velo spolverato sopra. Le nuvole ripiene sono dolci di origine napoletana e questa è la mia versione!

BISCOTTI AL NESQUIK

25 BISCOTTI

ingredienti

- 3 CUCCHIAI DI NESQUIK
- 80 ML DI LATTE
- 80 G DI ZUCCHERO
- 95 ML DI OLIO DI SEMI DI GIRASOLE
- 1 UOVO
- 1 CUCCHIAINO DI LIEVITO PER DOLCI
- 300 G DI FARINA
- RISO SOFFIATO Q.B.

1 In una ciotola mescoliamo bene con un cucchiaio di legno il Nesquik con il latte, poi aggiungiamo lo zucchero e l'olio, l'uovo e il lievito.

2 Piano piano incorporiamo la farina mentre continuiamo a mescolare. L'impasto si addensa, ma rimane molto morbido.

3 Versiamo in una pirofila o in un piatto fondo il riso soffiato. Con un cucchiaio raccogliamo un po' d'impasto e formiamo una pallina direttamente sopra al riso.

4 Facciamo rotolare le palline, in modo che il riso aderisca bene. Appoggiamo i dolcetti sulla placca ricoperta di carta forno. Procediamo così fino a esaurimento dell'impasto.

5 Trasferiamo in forno statico già caldo a 180 °C per 20-25 minuti. Ecco pronti i nostri biscotti al Nesquik! Sforniamo, lasciamo raffreddare e assaggiamo!

Il celebre preparato solubile al cioccolato non si usa solo nel latte, ma si presta anche alla preparazione di tanti dolcetti golosi. Riso soffiato e Nesquik sono perfetti insieme! Come ho fatto a non pensarci prima?

BOMBOLONI ALLA CREMA

12 BOMBOLONI

ingredienti

- 200 ML DI LATTE
- 20 G DI LIEVITO DI BIRRA
- 60 G DI ZUCCHERO
- 90 ML DI OLIO DI SEMI DI GIRASOLE
- 2 UOVA
- BUCCIA GRATTUGIATA DI ½ ARANCIA
- 1 BUSTINA DI VANILLINA
- 550 G DI FARINA (METÀ 00, METÀ MANITOBA)
- OLIO PER FRIGGERE Q.B.

per farcire

- 700 G DI CREMA PASTICCERA

per decorare

- ZUCCHERO Q.B.

1 In una ciotola capiente versiamo il latte tiepido e sbricioliamo il lievito di birra. Facciamo sciogliere, quindi aggiungiamo mescolando lo zucchero, l'olio, le uova, la buccia grattugiata dell'arancia e la bustina di vanillina.

2 Mischiamo le due farine e incorporiamole poco alla volta. Spolveriamo di farina il piano di lavoro e proseguiamo a impastare con le mani fino a ottenere una consistenza morbida ed elastica.

3 Mettiamo l'impasto dei bomboloni in una ciotola con il fondo spolverato di farina, incidiamo a croce, copriamo con la pellicola e con un panno. Lasciamo lievitare in luogo caldo per 2-3 ore fino a che il volume non sarà raddoppiato.

4 A lievitazione avvenuta, lavoriamo l'impasto sulla spianatoia per pochi minuti e lo stendiamo con il matterello per ottenere una sfoglia spessa almeno 1,5 cm.

5 Per dare la forma ai bomboloni, usiamo uno stampo di 8 cm di diametro. Se non avete lo stampo, usate un bicchiere. Mettiamo i dischi sulla placca rivestita di carta forno. Impastiamo la sfoglia che avanza e facciamo altri dischi; con queste dosi ne otterremo circa 12.

6 Copriamo la placca con la pellicola e poi con un panno e lasciamo lievitare per circa mezz'ora.

7 Versiamo l'olio per friggere in una padella e aspettiamo che sia ben caldo. La temperatura ideale è di 170 °C. Tuffiamo i dischi di pasta e giriamoli un paio di volte fino a quando saranno belli dorati e si saranno ben gonfiati. Li scoliamo e li mettiamo a scolare su carta assorbente. Mentre sono ancora caldi, passiamoli subito nello zucchero raccolto in un piatto.

8 Quando saranno pronti, sistemiamo tutti i dischi su un vassoio. Li potremmo già servire. Molti li preferiscono con la crema. Per farcire possiamo usare la stessa crema pasticcera della torta della nonna a p. 167.

9 Con il manico di un cucchiaio di legno facciamo un foro al centro di ogni bombolone, senza bucare il fondo. Usiamo la sac à poche per farcirli con la crema. Ora sì che possiamo assaggiarli! Sono sofficissimi e il ripieno alla crema è perfetto!

Dolci alla crema tradizionali amati in tutta Italia, con alcune varianti. Prepariamo i bomboloni fritti e ripieni come al bar per una colazione super! Occorrerà un po' di pazienza per la lievitazione, ma otterremo dei dolci strepitosi!

RICETTA FURBA

MINI STRUDEL ALLE MELE

6 MINI STRUDEL

ingredienti

- 1 CONFEZIONE DI PASTA SFOGLIA RETTANGOLARE
- 1 MELA
- 50 G DI UVETTA
- 10 G DI PINOLI
- 1 CUCCHIAIO DI ZUCCHERO
- 50 G DI FORMAGGIO SPALMABILE

per decorare

- ZUCCHERO A VELO Q.B.

1 Con una rotella tagliamo la sfoglia in 6 quadrati. Incidiamo la metà di ogni quadrato con alcuni tagli orizzontali.

2 Riduciamo una mela a cubetti, che raccogliamo in una ciotola insieme all'uvetta, ai pinoli e allo zucchero. Mescoliamo bene.

3 Sulla metà non incisa spalmiamo il formaggio, quindi aggiungiamo una cucchiaiata di composto alle mele. Richiudiamo ogni quadrato su se stesso in modo che la parte incisa rimanga di sopra, poi con una forchetta sigilliamo i bordi.

4 Mettiamo in forno preriscaldato a 200 °C per 20-25 minuti in modalità statica. Appena sfornati, cospargiamo i mini strudel di zucchero a velo.

Durante un pranzo tra amici scherzavamo perché a uno di loro era toccata l'ultima fetta di strudel, piccolissima e con poco ripieno. Questo è il rimedio: a ognuno il proprio mini strudel!

RICETTA FURBA

CROSTATINE DI PASTA SFOGLIA ALLE MELE

6 CROSTATINE

ingredienti

- 1 CONFEZIONE DI PASTA SFOGLIA RETTANGOLARE
- 2 MELE
- SUCCO DI 1 LIMONE
- 1 CUCCHIAIO DI ZUCCHERO
- CONFETTURA A PIACERE Q.B.

1 Con una rotella tagliamo la sfoglia in 6 rettangoli uguali.

2 Sbucciamo le mele e tagliamole a spicchi sottili, le raccogliamo in una ciotola e aggiungiamo il succo del limone e lo zucchero. Mescoliamo bene.

3 Sui rettangoli di pasta sfoglia spalmiamo la confettura, quindi sistemiamo gli spicchi di mela uno vicino all'altro.

4 Mettiamo in forno statico preriscaldato a 200 °C per 20-25 minuti.

Quali mele sono più adatte per cucinare i dolci? Le mele Renetta, Golden Delicious, Stark e Fuji sono qualità che si prestano alle preparazioni da forno per il loro gusto dolce e la polpa compatta che tiene la cottura. Sono perfette nello strudel, nelle crostate e nelle torte di mele.

Benedett

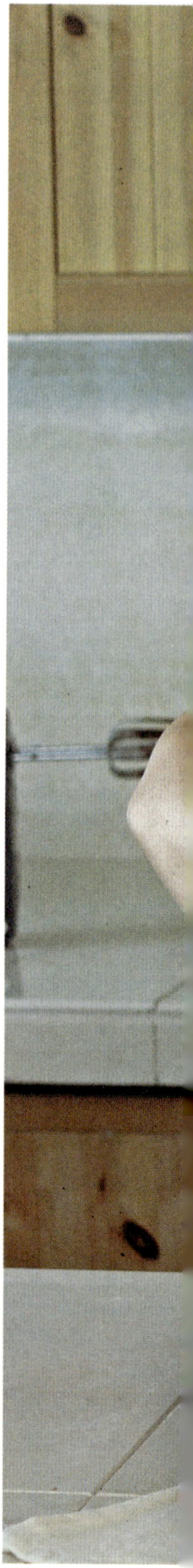

Benedet

Benedetta

SACCOTTINI GIANDUIOTTI

12 SACCOTTINI

ingredienti

- 250 G DI RICOTTA
- 120 G DI ZUCCHERO
- 120 ML DI LATTE
- 100 ML DI OLIO DI SEMI DI GIRASOLE
- 1 BUSTINA DI LIEVITO PER DOLCI (16 G)
- 500 G CIRCA DI FARINA
- 18 GIANDUIOTTI

1 Prepariamo l'impasto per i saccottini. In una ciotola versiamo la ricotta e lo zucchero e iniziamo ad amalgamare per bene con un cucchiaio. Quindi aggiungiamo il latte, l'olio e il lievito. Mescoliamo e uniamo la farina poco per volta, sempre mescolando.

2 Quando l'impasto si farà più solido, lo trasferiamo sul piano di lavoro e impastiamo con le mani fino a incorporare il resto della farina. Avremo un composto liscio ed elastico.

3 Ora infariniamo un foglio di carta forno e con il matterello stendiamo un terzo dell'impasto dandogli la forma di rettangolo.

4 Sistemiamo 4 gianduiotti vicino al bordo, quindi pieghiamo la sfoglia su se stessa. Premiamo leggermente tra un cioccolatino e l'altro e tagliamo con il coltello.

5 Disponiamo i primi saccottini gianduiotti sulla placca rivestita con carta forno e procediamo così con il resto dell'impasto.

6 Mettiamo in forno preriscaldato a 180 °C per 25 minuti in modalità statica. A fine cottura i saccottini saranno belli dorati in superficie. Lasciamo raffreddare un po' e poi... sono pronti da addentare!

7 Possiamo decorare la superficie in modo semplicissimo per un tocco di colore e di golosità in più. In un pentolino facciamo sciogliere a bagnomaria 5 o 6 gianduiotti e spennelliamo la cremina sopra tutti i saccottini. Assaggiamo i dolcetti: una pasta fragrante e gustosa e un cuore di gianduia fuso irresistibile! Provateli anche voi!

Ricetta facile, veloce e senza lievitazione né uova. Questi dolcetti nascondono i gianduiotti, i classici cioccolatini piemontesi alle nocciole... Semplicemente irresistibili!

MUFFIN ALL'ARANCIA CON GOCCE DI CIOCCOLATO

12 MUFFIN

ingredienti

- 2 UOVA
- 120 G DI ZUCCHERO
- SUCCO E BUCCIA GRATTUGIATA DI 1 ARANCIA
- 50 ML DI OLIO DI SEMI DI GIRASOLE
- 220 G DI FARINA
- 30 G DI GOCCE DI CIOCCOLATO
- ½ BUSTINA DI LIEVITO PER DOLCI (8 G)

Morbidi e profumati, questi muffin sono l'ideale per la merenda dei più piccoli. Accompagniamoli con un succo di frutta fatto in casa o una tazza di latte caldo!

1 In una ciotola rompiamo le uova e le mescoliamo allo zucchero. Possiamo utilizzare le fruste elettriche o anche la forchetta. Uniamo anche la buccia grattugiata e il succo dell'arancia.

2 Continuando a mescolare, incorporiamo l'olio a filo e la farina poco alla volta, in modo che non si formino grumi.

3 Infine aggiungiamo le gocce di cioccolato e il lievito. Amalgamiamo bene gli ingredienti.

4 Prepariamo lo stampo per muffin con i pirottini di carta e li riempiamo con l'impasto (vi consiglio di arrivare a due terzi del pirottino per avere i classici muffin a forma di funghetto). Cuociamo a 180 °C per 20-25 minuti in forno statico preriscaldato. I nostri muffin arancia e gocce di cioccolato sono pronti!

BISCOTTI ALL'ORZO

30 BISCOTTI

ingredienti

- 50 ML DI ACQUA
- 15 G DI CAFFÈ D'ORZO SOLUBILE
- 2 UOVA
- 150 G DI ZUCCHERO
- 125 ML DI OLIO DI SEMI DI GIRASOLE
- 8 G DI AMMONIACA PER BISCOTTI
- 80 G DI AMIDO DI MAIS
- 420 G DI FARINA

per decorare

- GRANELLA DI ZUCCHERO Q.B.

1 Per prima cosa prepariamo il caffè d'orzo concentrato: facciamo bollire l'acqua, versiamo la polvere di caffè e la facciamo sciogliere. Lasciamo intiepidire.

2 In una ciotola rompiamo le uova, uniamo lo zucchero, l'olio, il caffè d'orzo, l'ammoniaca e iniziamo a mescolare con le mani.

3 Incorporiamo l'amido e la farina poco alla volta, fino a ottenere un impasto consistente ed elastico che non si appiccica alle dita.

4 Stendiamo la pasta con il matterello a uno spessore di circa 1 cm quindi, con una formina, ricaviamo i biscotti. Io ho scelto la forma di un fiore, ma potete sbizzarrirvi con tantissimi altri modelli o ricavare dei cordoncini e intrecciarli in vari modi.

5 Rivestiamo la placca con carta forno e disponiamo i nostri biscotti. Con un pennellino bagniamo di acqua la superficie e cospargiamo con la granella di zucchero.

6 Cuociamo in forno statico preriscaldato a 170 °C per 15 minuti. Semplicemente deliziosi... e perfetti per la nostra colazione!

BISCOTTI GOCCIOLE 100% FARINA DI RISO

25 BISCOTTI

ingredienti

- 2 UOVA
- 100 G DI ZUCCHERO
- 100 ML DI OLIO DI SEMI DI GIRASOLE
- 80 ML DI LATTE
- 8 G DI AMMONIACA PER BISCOTTI
- 430 G DI FARINA DI RISO
- 30 G DI GOCCE DI CIOCCOLATO

1 In una ciotola rompiamo le uova, aggiungiamo lo zucchero, l'olio, il latte e l'ammoniaca. Mescoliamo e, quando tutto è amalgamato, incorporiamo la farina a poco a poco.

2 L'impasto inizia ad addensarsi; quando è omogeneo, aggiungiamo le gocce di cioccolato e mischiamo. Otterremo un impasto umido e appiccicoso a causa della consistenza della farina di riso.

3 Rivestiamo la placca con carta forno, prendiamo alcuni pezzetti di impasto e formiamo delle palline con le mani. Le sistemiamo sulla placca.

4 Trasferiamo i biscotti in forno statico preriscaldato a 180 °C per 20-25 minuti. Durante la cottura si sentirà un leggero odore di ammoniaca: è assolutamente normale; a fine cottura e dopo il raffreddamento scomparirà del tutto. Sforniamo i nostri biscotti gocciole senza glutine e li sistemiamo su un bel vassoio.

L'ammoniaca alimentare è un prodotto che conoscevano già le nostre nonne. Oltre a favorire la lievitazione, è utile per la conservazione e per mantenere più a lungo i biscotti fragranti.

BISCOTTI AL CAFFÈ

50 BISCOTTI

ingredienti

- 60 ML DI CAFFÈ
- 1 CUCCHIAINO DI CAFFÈ SOLUBILE
- 2 UOVA
- 200 G DI ZUCCHERO
- 125 G DI BURRO
- 100 G DI AMIDO DI MAIS
- 1 CUCCHIAINO DI LIEVITO PER DOLCI
- 420 G DI FARINA
- 80 G DI GOCCE DI CIOCCOLATO

1 Prepariamo il caffè e lo versiamo caldo in una ciotola. Aggiungiamo un cucchiaino di caffè solubile e mescoliamo per farlo sciogliere completamente.

2 In una ciotola capiente rompiamo le uova, versiamo lo zucchero, il burro fuso, la miscela di caffè appena preparata, l'amido di mais e il lievito. Mescoliamo gli ingredienti e, quando sono bene amalgamati, cominciamo a incorporare la farina poco alla volta. Quando l'impasto inizia a diventare denso, è il momento di unire le gocce di cioccolato. Continuiamo a lavorare fino a incorporare tutta la farina. L'impasto risulterà appiccicoso ed elastico.

3 Rivestiamo la placca con la carta forno, stacchiamo dei pezzetti di impasto e formiamo con le mani delle palline che sistemiamo sulla placca, non troppo vicine.

4 Inforniamo a 180 °C per 20 minuti in modalità statica ed ecco che i biscotti al caffè prendono forma abbassandosi leggermente. Possiamo sfornare e lasciare raffreddare. Durante la cottura le gocce di cioccolato si scioglieranno solo un po'. Una vera delizia!

Ricetta facile per questi croccanti biscotti.
Possiamo gustarli a colazione con il cappuccino o in pausa caffè.
L'abbinamento con il cioccolato li rende ancora più sfiziosi!

MUFFIN AL CIOCCOLATO BIANCO E MANDORLE

12 MUFFIN

ingredienti

- 100 G DI CIOCCOLATO BIANCO
- 2 UOVA
- 90 G DI ZUCCHERO
- 60 ML DI LATTE
- 40 ML DI OLIO DI SEMI DI GIRASOLE
- 180 G DI FARINA 00
- 50 G DI FARINA DI MANDORLE
- ½ BUSTINA DI LIEVITO PER DOLCI (8 G)
- 30 G DI MANDORLE IN SCAGLIE

1 Come prima cosa, con un coltello tagliamo a pezzetti il cioccolato bianco su un tagliere.

2 In una ciotola rompiamo le uova, versiamo lo zucchero e frulliamo con lo sbattitore elettrico. Sempre con le fruste in azione, uniamo poco alla volta il latte e l'olio.

3 Incorporiamo le farine, e continuando a frullare aggiungiamo anche il lievito.

4 Infine uniamo il cioccolato bianco spezzettato, amalgamandolo bene all'impasto con un cucchiaio.

5 Prepariamo lo stampo per muffin con i pirottini di carta e trasferiamo l'impasto (vi consiglio di riempire il pirottino per due terzi per avere i classici muffin a forma di funghetto).

6 Decoriamo la superficie dei muffin con le mandorle in scaglie: li renderanno più croccanti. Cuociamo i dolcetti a 180 °C per 20-25 minuti in forno statico.

MUFFIN GIAPPONESI

12 MUFFIN

ingredienti

- 2 UOVA
- 125 G DI ZUCCHERO
- 60 ML DI OLIO DI SEMI DI GIRASOLE
- 50 ML DI ACQUA
- 260 G DI FARINA
- ½ BUSTINA DI LIEVITO VANIGLIATO (8 G)
- 10 G DI CACAO AMARO

1 Per preparare questi fantastici muffin serve una vaporiera composta da due parti: riempiamo con 1,5 litri d'acqua la parte sottostante; chiudiamo con il coperchio la parte superiore con i buchi e mettiamo sul fuoco.

2 Nel frattempo prepariamo l'impasto. In una ciotola rompiamo le uova, aggiungiamo lo zucchero, l'olio e l'acqua. Mescoliamo con uno sbattitore elettrico. Incorporiamo un po' alla volta la farina e infine il lievito.

3 Utilizziamo i pirottini di silicone oppure di alluminio, ma all'interno inseriamo quelli di carta. In questo modo i dolci sono protetti dal vapore.

4 Riempiamo solo 6 pirottini con l'impasto e, quando l'acqua bolle, li mettiamo nella vaporiera. Lasciamo cuocere per 15 minuti senza mai aprire il coperchio. A fine cottura saranno aumentati di volume, anzi, praticamente... esplosi!

5 Al resto dell'impasto aggiungiamo il cacao amaro e mescoliamo. Riempiamo altri 6 pirottini e procediamo con la cottura come prima. Ecco pronto un bel vassoio di muffin giapponesi bicolore!

Sofficissimi e originali, questi muffin sono un dolce orientale dall'aspetto molto particolare. Grazie alla cottura al vapore i muffin praticamente triplicano di volume!

4

5

CHIFFON CAKE AL CIOCCOLATO

8-10 PERSONE

ingredienti

- 4 UOVA
- 6 G DI CREMOR TARTARO
- 150 G DI FARINA
- 10 G DI LIEVITO PER DOLCI
- 50 G DI CACAO AMARO
- 200 G DI ZUCCHERO
- 130 ML DI ACQUA
- 80 ML DI OLIO DI SEMI DI GIRASOLE

per decorare

- ZUCCHERO A VELO Q.B.

1 Come prima cosa dividiamo gli albumi dai tuorli. Con le fruste montiamo gli albumi e aggiungiamo poco alla volta il cremor tartaro. Gli albumi devono essere a neve fermissima, solo così la torta verrà alta e soffice! Mettiamo da parte.

2 In una ciotola raccogliamo le polveri: la farina, il lievito, il cacao e lo zucchero. Mischiamo con la frusta o con una forchetta. Aggiungiamo l'acqua e l'olio poco alla volta. Lavoriamo l'impasto fino a ottenere un composto denso e liscio.

3 Incorporiamo prima i tuorli, uno alla volta, e poi con la spatola gli albumi con un movimento delicato dal basso verso l'alto, così non si smonteranno.

4 Versiamo l'impasto in uno stampo per chiffon cake di 22 cm di diametro. Cuociamo il dolce in forno statico a 165 °C per 50 minuti.

5 Estraiamo dal forno la chiffon cake e la lasciamo raffreddare rovesciata. Ci vorranno almeno 2-3 ore (io la tengo capovolta anche tutta la notte). Una volta fredda, stacchiamo i bordi con un coltellino e la giriamo con l'aiuto di un piatto. Serviamola coperta di abbondante zucchero a velo!

CHIFFON CAKE AL CAFFÈ

10–12 PERSONE

ingredienti

- 300 G DI FARINA
- 300 G DI ZUCCHERO
- 1 BUSTINA DI LIEVITO PER DOLCI (16 G)
- 200 ML DI CAFFÈ
- 125 ML DI OLIO DI SEMI DI GIRASOLE
- 6 UOVA GRANDI A TEMPERATURA AMBIENTE
- 8 G DI CREMOR TARTARO

per decorare

- ZUCCHERO A VELO Q.B.

1 In una ciotola uniamo la farina, lo zucchero, il lievito e mischiamo con una frusta. Pian piano incorporiamo il caffè. Aggiungiamo infine l'olio e mescoliamo bene.

2 Separiamo gli albumi dai tuorli e uniamo questi ultimi all'impasto.

3 Con lo sbattitore elettrico montiamo gli albumi. Mi raccomando: montateli a neve fermissima, perché solo in questo modo la torta verrà alta e soffice! Aggiungiamo il cremor tartaro.

4 Incorporiamo gli albumi montati, un cucchiaio alla volta, mescolando delicatamente dal basso verso l'alto per non farlo smontare. Otterremo un composto spumoso e leggero.

5 Versiamo l'impasto in uno stampo per chiffon cake di 26 cm di diametro senza ungerlo e infarinarlo. È ora di infornare: cuociamo in forno statico a 165 °C per circa 50 minuti, o in forno ventilato a 150 °C, sempre per circa 50 minuti.

6 Trascorso il tempo di cottura, infiliamo uno stecchino nella torta: se rimane asciutto vuol dire che è pronta, altrimenti aspettiamo ancora qualche minuto e ripetiamo la prova.

7 Togliamo dal forno la chiffon cake e la lasciamo raffreddare rovesciata nel suo stampo. Ci vorranno almeno 2-3 ore (io la tengo capovolta anche tutta la notte). Una volta fredda, dovrebbe staccarsi da sola; se non è così, possiamo passare con un coltellino lungo i bordi e aiutarci con un piatto. Serviamola coperta di zucchero a velo... Abbondate pure!

CHIFFON CAKE AL LIMONE

6-8 PERSONE

ingredienti

- 200 G DI FARINA
- 200 G DI ZUCCHERO
- ½ BUSTINA DI LIEVITO PER DOLCI (8 G)
- 130 ML DI ACQUA
- 80 ML DI OLIO DI SEMI DI GIRASOLE
- 4 UOVA GRANDI
- BUCCIA GRATTUGIATA DI ½ LIMONE
- 1 FIALETTA DI AROMA LIMONE
- 4 G DI CREMOR TARTARO

per decorare

- 100 G DI ZUCCHERO A VELO VANIGLIATO
- 2-3 CUCCHIAINI DI SUCCO DI LIMONE

1 In una ciotola raccogliamo la farina, lo zucchero, il lievito e mischiamo con una frusta. Incorporiamo a poco a poco l'acqua. Aggiungiamo l'olio e mescoliamo bene.

2 Prendiamo le uova a temperatura ambiente e separiamo l'albume dai tuorli. Uniamo i tuorli all'impasto e mescoliamo. Aggiungiamo la buccia di limone e la fialetta di aroma.

3 Montiamo a neve ben ferma gli albumi con uno sbattitore elettrico. Aggiungiamo il cremor tartaro e frulliamo ancora.

4 Ora incorporiamo gli albumi, un cucchiaio alla volta, mescolando delicatamente dal basso verso l'alto. Otteniamo un composto spumoso e leggero.

5 Versiamolo in uno stampo per chiffon cake di 22 cm di diametro che non deve essere né unto né infarinato. Mettiamo in forno preriscaldato a 165 °C per circa 50 minuti in modalità statica, oppure a 150 °C, sempre per circa 50 minuti, in modalità ventilata. Trascorso il tempo di cottura, infiliamo uno stecchino nella torta: se rimane asciutto la chiffon cake è pronta, altrimenti aspettiamo ancora qualche minuto e ripetiamo la prova.

6 Una volta sfornata, la chiffon cake al limone deve riposare capovolta dentro il suo stampo per 2-3 ore, dopodiché dovrebbe staccarsi da sola; se non succede, passiamo un coltello delicatamente lungo i bordi.

7 Questa torta morbidissima si decora con una semplice glassa al limone, che faccio così: mescolo lo zucchero a velo con qualche cucchiaino di succo di limone fino a ottenere una glassa densa e lucida. È sempre un successo!

CHIFFON CAKE: COME CALCOLARE GLI INGREDIENTI

Per preparare una sofficissima chiffon cake serve uno stampo apposito. In commercio ne esistono di diverse dimensioni. Per ottenere una torta della giusta consistenza, però, le dosi degli ingredienti devono rispettare una precisa proporzione in base alla dimensione dello stampo. Per calcolare le dosi corrette, io parto proprio dallo stampo: se è di 22 cm di diametro so che servono 4 uova, se di 26 cm ne servono 6, se è di 28 cm ne servono 8 e via così. Facile, no?!

Per uno stampo di 20 cm di diametro uso 2 uova.

- 2 UOVA
- 100 G DI ZUCCHERO
- 100 G DI POLVERI (FARINA, CACAO, AMIDI O MIX)
- 65 ML DI ACQUA (SUCCO O CAFFÈ)
- 40 ML DI OLIO DI SEMI DI GIRASOLE
- 1 PUNTA DI CUCCHIAINO DI LIEVITO PER DOLCI
- 1 PUNTA DI CUCCHIAINO DI CREMOR TARTARO

Per uno stampo di 22 cm di diametro uso 4 uova.

- 4 UOVA
- 200 G DI ZUCCHERO
- 200 G DI POLVERI (FARINA, CACAO, AMIDI O MIX)
- 130 ML DI ACQUA (SUCCO O CAFFÈ)
- 80 ML DI OLIO DI SEMI DI GIRASOLE
- 1 CUCCHIAINO DI LIEVITO PER DOLCI
- ½ CUCCHIAINO DI CREMOR TARTARO

Per uno stampo di 24 cm di diametro uso 5 uova.

- 5 UOVA
- 250 G DI ZUCCHERO
- 250 G DI POLVERI (FARINA, CACAO, AMIDI O MIX)
- 165 ML DI ACQUA (SUCCO O CAFFÈ)
- 105 ML DI OLIO DI SEMI DI GIRASOLE
- 1 CUCCHIAINO ABBONDANTE DI LIEVITO PER DOLCI
- ¾ DI CUCCHIAINO DI CREMOR TARTARO

Per uno stampo di 26 cm di diametro uso 6 uova.

- 6 UOVA
- 300 G DI ZUCCHERO
- 300 G DI POLVERI (FARINA, CACAO, AMIDI O MIX)
- 200 ML DI ACQUA (SUCCO O CAFFÈ)
- 125 ML DI OLIO DI SEMI DI GIRASOLE
- 2 CUCCHIAINI DI LIEVITO PER DOLCI
- 1 CUCCHIAINO DI CREMOR TARTARO

La chiffon cake è un dolce americano soffice e leggero. È una torta perfetta per tantissime occasioni, anche farcita o glassata! La preparazione è veramente semplice e veloce. L'importante è montare a neve ferma gli albumi, usare lo stampo apposito senza ungerlo e infarinarlo e utilizzare sia il lievito che il cremor tartaro per ottenere la giusta sofficità e leggerezza.

Per uno stampo di 28 cm di diametro uso 8 uova.

- 8 UOVA
- 400 G DI ZUCCHERO
- 400 G DI POLVERI (FARINA, CACAO, AMIDI O MIX)
- 265 ML DI ACQUA (SUCCO O CAFFÈ)
- 165 ML DI OLIO DI SEMI DI GIRASOLE
- 2 + ½ CUCCHIAINI DI LIEVITO PER DOLCI
- 1 + ½ CUCCHIAINO DI CREMOR TARTARO

Per uno stampo di 30 cm di diametro uso 9 uova.

- 9 UOVA
- 450 G DI ZUCCHERO
- 450 G DI POLVERI (FARINA, CACAO, AMIDI O MIX)
- 300 ML DI ACQUA (SUCCO O CAFFÈ)
- 185 ML DI OLIO DI SEMI DI GIRASOLE
- 3 CUCCHIAINI DI LIEVITO PER DOLCI
- 2 CUCCHIAINI DI CREMOR TARTARO

RICORDA CHE...

Lo stampo è un tronco di cono con piedini. Appena sfornata, la chiffon cake deve restare nello stampo capovolto (ecco a cosa servono i piedini!) per 2-3 ore. Poi si staccherà da sola.

PAN BRIOCHE DOLCE ALLO YOGURT

6–8 PERSONE

ingredienti

- 100 ML DI LATTE
- 15 G DI LIEVITO DI BIRRA
- 125 G DI YOGURT BIANCO
- 100 G DI ZUCCHERO
- 100 ML DI OLIO DI SEMI DI GIRASOLE
- 1 UOVO
- 1 BUSTINA DI VANILLINA
- BUCCIA GRATTUGIATA DI ½ LIMONE
- 500 G DI FARINA (METÀ 00, METÀ MANITOBA)

Grazie alla sua semplicità, il pan brioche accontenta tutti, perché si presta per essere arricchito con Nutella, confettura o altre creme a piacere, per creare ogni volta una variante strepitosa!

1 In una ciotola versiamo il latte intiepidito e sbricioliamo il lievito di birra. Mescoliamo fino a completo scioglimento. Poi uniamo il vasetto di yogurt. Aggiungiamo lo zucchero, l'olio, l'uovo, la vanillina e la buccia grattugiata di limone.

2 Uniamo al composto la farina poco alla volta, fino a incorporarla del tutto. Quando l'impasto è più sodo, lo trasferiamo sul piano di lavoro, e continuiamo a impastare con le mani fino a raggiungere una consistenza elastica e omogenea che non si attacca alle mani.

3 Modelliamo un panetto, lo mettiamo in una ciotola pulita, facciamo un'incisione a croce e copriamo con la pellicola e con un panno. Lasciamo lievitare per circa 2 ore, o almeno fino a quando l'impasto non sarà raddoppiato di volume.

4 Lavoriamo quindi l'impasto per qualche minuto sul piano di lavoro spolverato di farina, poi lo dividiamo in 7 palline di circa 120 g l'una.

5 Scegliamo uno stampo per ciambella di 26 cm di diametro, lo ungiamo d'olio e ci sistemiamo le palline di pasta in cerchio. Lasciamo lievitare per altri 30 minuti con lo stampo coperto con la pellicola e un panno.

6 Infine mettiamo in forno preriscaldato per 35-40 minuti a 180 °C in modalità statica. Il pan brioche allo yogurt risulterà ben dorato in superficie. Una volta sfornato, spennelliamolo con un po' d'acqua e spolveriamolo di zucchero a velo. Lasciamo raffreddare e tagliamone una bella fetta: vedrete quanto è soffice!

DANUBIO DOLCE BICOLORE

6–8 PERSONE

ingredienti per l'impasto

- 250 ML DI LATTE
- 15 G DI LIEVITO DI BIRRA
- 120 G DI ZUCCHERO
- 120 ML DI OLIO DI SEMI DI GIRASOLE
- 1 UOVO
- 1 BUSTINA DI VANILLINA
- BUCCIA GRATTUGIATA DI ½ LIMONE
- 500 G DI FARINA (METÀ 00, METÀ MANITOBA)
- 15 G DI CACAO AMARO

per farcire

- 1 TAVOLETTA DI CIOCCOLATO BIANCO
- 1 TAVOLETTA DI CIOCCOLATO FONDENTE

1 In una ciotola versiamo il latte tiepido e sbricioliamo il lievito di birra. Mescoliamo per far sciogliere bene. Quindi aggiungiamo lo zucchero, l'olio, l'uovo, la vanillina e la buccia di limone.

2 Iniziamo a mescolare e uniamo la farina, una manciata alla volta. Quando ne abbiamo aggiunto metà, dividiamo l'impasto in due ciotole. In una incorporiamo il cacao amaro.

3 Nell'altra parte aggiungiamo circa metà della rimanente farina e lavoriamo.

4 Facciamo lo stesso con l'impasto al cacao.

5 Mettiamo gli impasti in due ciotole infarinate e incidiamo a croce. Copriamo con la pellicola e lasciamo lievitare per circa 2 ore, cioè fino a quando l'impasto avrà raddoppiato il suo volume.

6 Per la farcitura, prepariamo 12 quadretti di cioccolato bianco e 12 di cioccolato fondente.

7 Terminata la lievitazione, dividiamo entrambi gli impasti in 12 parti dello stesso peso, circa 40 g. Con il matterello stendiamo ogni pezzetto, al centro mettiamo un quadratino di cioccolato e poi lo richiudiamo come se fosse un fagottino, pizzicando i bordi in alto. A me piace mettere il cioccolato bianco nell'impasto al cacao e quello fondente nell'impasto bianco, così al taglio del dolce ci sarà un piacevole contrasto di colori.

8 Ungiamo e infariniamo uno stampo di alluminio rettangolare da 8 porzioni (23x30 cm) e sistemiamo le palline alternando i colori. Copriamo con la pellicola e lasciamo lievitare in luogo caldo per 30 minuti. Poi inforniamo a 180 °C per circa 35 minuti in forno statico. Sforniamo quindi il Danubio dolce bicolore: il profumo è davvero invitante!

Il Danubio si può preparare anche in una teglia rotonda.

TORTA SOFFICE ALLA ZUCCA

6–8 PERSONE

ingredienti

- 4 UOVA
- 220 G DI ZUCCHERO
- 180 ML DI OLIO DI SEMI DI GIRASOLE
- 100 G DI AMIDO DI MAIS
- 300 G DI FARINA
- 300 G DI ZUCCA GRATTUGIATA
- 1 BUSTINA DI LIEVITO PER DOLCI (16 G)
- 50 G DI GRANELLA DI MANDORLE

per decorare

- ZUCCHERO A VELO Q.B.

1 In una ciotola rompiamo le uova e frulliamo con lo sbattitore elettrico. Aggiungiamo a mano a mano lo zucchero, l'olio, l'amido di mais e solo metà della farina.

2 A questo punto uniamo la zucca e il lievito, frulliamo ancora e poi incorporiamo il resto della farina; per ultimo incorporiamo la granella di mandorle. Il nostro impasto è pronto!

3 Ungiamo e infariniamo uno stampo di 28 cm di diametro e ci versiamo l'impasto. Mettiamo in forno preriscaldato a 180 °C per 45 minuti in modalità statica. Sforniamo e lasciamo raffreddare, togliamo la torta dallo stampo e la sistemiamo su un piatto.

4 Per la decorazione io ho usato uno stencil. Scegliete il motivo che preferite (una zucca o un fantasmino se festeggiate Halloween; in fondo al libro troverete lo stencil da fotocopiare), disegnatelo su carta e ritagliate. Quindi appoggiate sulla torta e cospargete di zucchero a velo, poi rimuovete delicatamente lo stencil. Ecco la nostra torta soffice alla zucca!

È un'ottima torta, ideale per festeggiare Halloween o da servire in mille altre occasioni.

TORTA DI MELE SOFFICE YOGURT E VANIGLIA

6–8 PERSONE

ingredienti per l'impasto

- 3 UOVA
- 200 G DI ZUCCHERO
- 100 ML DI OLIO DI SEMI DI GIRASOLE
- 125–150 G DI YOGURT ALLA VANIGLIA
- QUALCHE GOCCIA DI ESSENZA DI VANIGLIA (FACOLTATIVA)
- 100 G DI AMIDO DI MAIS
- 250 G DI FARINA
- 1 BUSTINA DI LIEVITO PER DOLCI (16 G)
- 2 MELE

per la glassa trasparente

- 8 G DI AMIDO DI MAIS
- 125 ML DI ACQUA
- 50 G DI ZUCCHERO
- QUALCHE GOCCIA DI ESSENZA DI VANIGLIA (FACOLTATIVA)

1 In una ciotola rompiamo le uova e le frulliamo con lo sbattitore elettrico. Uniamo lo zucchero, l'olio, lo yogurt ed eventualmente qualche goccia di essenza di vaniglia.

2 Aggiungiamo l'amido di mais e continuiamo a frullare, quindi iniziamo a incorporare la farina, a poco a poco. Infine mettiamo il lievito e amalgamiamo bene.

3 Sbucciamo e tagliamo a dadini la metà di una mela e la aggiungiamo all'impasto mescolando con una spatola. L'impasto base della torta è pronto.

4 Ungiamo e infariniamo una tortiera di 26 cm di diametro. Versiamo l'impasto e livelliamo la superficie con la spatola.

5 Ora tagliamo a spicchi sottili il resto delle mele e li disponiamo su tutta la superficie in cerchi concentrici, partendo dall'esterno. Cuociamo in forno statico preriscaldato a 180 °C per 40 minuti.

6 Una volta sfornata la torta, aspettiamo qualche minuto, la togliamo dallo stampo e la sistemiamo su un vassoio o un piatto rotondo. Che profumino!!! Ma non siamo ancora pronti per tagliarla...

7 Vediamo come preparare una glassa trasparente fatta in casa che renderà la superficie lucida e darà un tocco di dolcezza in più. In un pentolino sciogliamo l'amido di mais nell'acqua, mescoliamo bene per non formare grumi, poi aggiungiamo lo zucchero e l'essenza di vaniglia, se piace. Portiamo sul fuoco e giriamo fino a che non si addensa leggermente. Ci vorranno circa 4 minuti.

8 Distribuiamo la glassa con un cucchiaio sopra tutta la torta. In pochi minuti si sarà asciugata. Ora sì che possiamo tagliarne una fetta: l'aroma di vaniglia è irresistibile!

TORTA SOFFICE AL CAFFÈ

6–8 PERSONE

ingredienti

- 3 UOVA
- 300 G DI ZUCCHERO
- 150 ML DI CAFFÈ RISTRETTO
- 200 G DI BURRO FUSO
- 320 G DI FARINA
- 1 BUSTINA DI LIEVITO PER DOLCI (16 G)

1 In una ciotola rompiamo le uova e frulliamo con lo sbattitore elettrico. Aggiungiamo in successione lo zucchero, il caffè e il burro e frulliamo. Per ultimi incorporiamo la farina, a poco a poco, e il lievito. Mescoliamo bene ed ecco pronto l'impasto per la torta soffice al caffè.

2 Scegliamo una tortiera apribile di 24 cm di diametro, la rivestiamo di carta forno sul fondo e sui bordi, versiamo l'impasto e livelliamo con una spatola. Mettiamo in forno preriscaldato a 180 °C per 40 minuti in modalità statica.

3 Sforniamo, aspettiamo qualche minuto, apriamo la tortiera e trasferiamo la torta sul piatto. È un dolce sofficissimo e profumato!

Per decorare la torta soffice al caffè ho pensato a uno stencil, cioè ho disegnato la parola "caffè" e un chicco di caffè su un foglio e li ho ritagliati. Ho posizionato scritta e disegno sulla torta e cosparso lo zucchero a velo. Poi ho rimosso con delicatezza lo stencil ed ecco la scritta in negativo! Guarda in fondo al libro, troverai lo stencil da fotocopiare!

Caffè

SBRICIOLATA DI MELE

6-8 PERSONE

ingredienti per la frolla

- 400 G DI FARINA
- 150 G DI ZUCCHERO
- 1 BUSTINA DI LIEVITO PER DOLCI (16 G)
- 2 UOVA
- 120 G DI BURRO

per farcire

- 2 MELE GRANDI
- 80 G DI ZUCCHERO
- SUCCO DI 1 LIMONE

per decorare

- ZUCCHERO A VELO Q.B.

Dolce tradizionale di origine anglosassone. è velocissimo e super facile! Non dobbiamo nemmeno usare il matterello per stendere la frolla!

1 Raccogliamo la farina in una ciotola insieme allo zucchero e al lievito. Mescoliamo bene tutto e uniamo le uova; infine il burro a temperatura ambiente.

2 Ora continuiamo ad amalgamare, ma lo facciamo con le mani, perché la pasta frolla deve rimanere "sabbiosa".

3 Sbucciamo e tagliamo a cubetti le mele. Le versiamo in una padella insieme allo zucchero e al succo di limone. Portiamo sul fuoco e lasciamo cuocere 4-5 minuti sempre mescolando.

4 Scegliamo una tortiera di 26 cm di diametro. Sul fondo sistemiamo un disco di carta forno, trasferiamo metà della frolla per coprire la base, pressiamo leggermente con le dita. Allo stesso modo rivestiamo anche i bordi.

5 Ora versiamo il ripieno alle mele che distribuiamo con un cucchiaio. Infine ricopriamo uniformemente tutte le mele con la rimanente frolla. Questa volta però non pressiamo, per mantenere l'effetto crumble.

6 Mettiamo in forno preriscaldato a 180 °C per 35-40 minuti in modalità statica. A fine cottura la sbriciolata di mele dovrà essere dorata in superficie. Lasciamo raffreddare completamente, quindi togliamo la torta dalla tortiera e la sistemiamo in un piatto. Spolveriamo di zucchero a velo, ed ecco pronta questa torta di mele morbida all'interno in contrasto con la frolla esterna. Una vera bontà!!!

PLUMCAKE ALLO YOGURT E BANANA

6–8 PERSONE

ingredienti

- 3 UOVA
- 180 G DI ZUCCHERO
- 100 ML DI OLIO DI SEMI DI GIRASOLE
- 125 G DI YOGURT BIANCO, VANIGLIA, BANANA O ALTRO GUSTO A PIACERE
- 1 BANANA (90–110 G)
- 80 G DI AMIDO DI MAIS
- 230 G DI FARINA
- 1 BUSTINA DI LIEVITO PER DOLCI (16 G)
- 50 G DI GOCCE DI CIOCCOLATO

1 In una ciotola rompiamo le uova, azioniamo lo sbattitore elettrico e aggiungiamo lo zucchero, poi l'olio e lo yogurt.

2 Schiacciamo la banana con una forchetta su un piattino, fino a farne una purea, quindi la aggiungiamo al composto. Frulliamo per amalgamare tutto.

3 Incorporiamo l'amido di mais e, sempre frullando, la farina poco per volta; per ultimo il lievito. L'impasto del plumcake yogurt e banana è pronto.

4 In questo dolce aggiungo le gocce di cioccolato per arricchirne il gusto; le uniamo al composto ora e mescoliamo con un cucchiaio. Daranno un tocco di golosità in più!

5 Ungiamo e infariniamo uno stampo per plumcake di 30 cm di lunghezza e ci versiamo l'impasto. Mettiamo in forno per 40-45 minuti a 180 °C in modalità statica. Al termine della cottura il plumcake è bello dorato in superficie e ben cresciuto. Prima di sfornare proviamo a inserire uno stecchino nel dolce: se ne esce completamente asciutto il plumcake è pronto, se è umido lasciamo il dolce ancora per qualche minuto in forno.

6 Una volta sfornato, sbattiamo un po' lo stampo per far staccare il dolce e dopo una decina di minuti lo rovesciamo su un piatto. Lasciamo raffreddare completamente e tagliamo a fette.

Come avete visto, il plumcake è un dolce semplice che possiamo preparare nel giro di un'ora. Se lo teniamo dentro un sacchetto di plastica ben chiuso, si conserva perfettamente per alcuni giorni.

CROSTATA FRANGIPANE "TORTA DELIZIOSA"

6–8 PERSONE

ingredienti per la crema

- 150 G DI MANDORLE INTERE PELATE O DI FARINA DI MANDORLE
- 150 G DI BURRO
- 150 G DI ZUCCHERO
- 3 UOVA
- 1 FIALETTA DI ESSENZA ALLA MANDORLA
- 50 G DI FARINA

per la pasta frolla

- 2 UOVA
- 100 G DI ZUCCHERO
- 100 ML DI OLIO DI SEMI DI GIRASOLE
- ½ BUSTINA DI LIEVITO PER DOLCI (8 G)
- 320 G DI FARINA
- 250 G DI CONFETTURA DI CILIEGIE O ALTRO FRUTTO

per decorare

- MANDORLE IN SCAGLIE Q.B.

1 Prima di tutto pensiamo alla crema. Tritiamo le mandorle in un frullatore.

2 In una ciotola montiamo con lo sbattitore elettrico il burro ammorbidito e lo zucchero, quindi aggiungiamo le uova incorporandole uno alla volta.

3 Sempre con le fruste in azione, versiamo una fialetta di essenza alle mandorle e piano piano le mandorle tritate. Infine incorporiamo la farina.

4 Per la frolla, rompiamo le uova in una ciotola e aggiungiamo lo zucchero, l'olio, il lievito. Impastiamo e incorporiamo la farina poco alla volta. Lavoriamo bene la pasta frolla fino a ottenere una consistenza liscia e omogenea.

5 Ungiamo e infariniamo uno stampo per crostate di 28 cm di diametro. Stendiamo tre quarti di pasta frolla con il matterello su un foglio di carta forno infarinato. Quindi la rovesciamo sullo stampo e rimuoviamo il foglio. Accomodiamo la pasta e con un coltello pareggiamo i bordi.

6 Distribuiamo la confettura sulla base della crostata frangipane. Ora riempiamo tutta la torta con la crema e livelliamo bene la superficie con un cucchiaio. Con la pasta avanzata prepariamo delle treccine per decorare il bordo della crostata e anche la parte centrale. Cospargiamo la superficie di mandorle in scaglie.

7 Mettiamo in forno statico preriscaldato a 180 °C per 40-45 minuti oppure a 170 °C per 35-40 minuti in forno ventilato. A fine cottura la crostata sarà dorata in superficie. Togliamola dallo stampo e lasciamola raffreddare prima di servire, ma se aspettiamo il giorno dopo è ancora più buona!

TORTA SOFFICE PERE E CIOCCOLATO

6–8 PERSONE

ingredienti per farcire

- 3 PERE DI MEDIE DIMENSIONI
- 2 CUCCHIAI DI ZUCCHERO
- 1 BICCHIERINO DI RUM

per l'impasto

- 3 UOVA
- 230 G DI ZUCCHERO
- 120 G DI BURRO
- 100 ML DI LATTE
- 70 G DI CACAO AMARO
- 230 G DI FARINA
- 1 BUSTINA DI LIEVITO PER DOLCI (16 G)

1 Sbucciamo e tagliamo una pera a cubetti e la teniamo da parte. Tagliamo le altre due a spicchi sottili e le mettiamo in padella. Spolveriamo con lo zucchero e aggiungiamo il rum.

2 Portiamo sul fuoco e copriamo. Facciamo caramellare le pere per un minuto, smuovendo ogni tanto la padella. Spegniamo e lasciamo raffreddare.

3 Prepariamo ora l'impasto. In una ciotola rompiamo le uova, frulliamo con uno sbattitore elettrico e aggiungiamo lo zucchero, il burro fuso intiepidito, il latte, il cacao e infine la farina, un po' alla volta. Per ultimo incorporiamo il lievito. Uniamo al composto la pera tagliata a cubetti mescolando con un cucchiaio.

4 Ungiamo e infariniamo una tortiera di 26 cm di diametro. Versiamo l'impasto e livelliamo la superficie. Quindi decoriamo con le fettine di pera caramellata che disponiamo in cerchio partendo dall'esterno fino a coprire tutta la torta e disegnare un grande fiore. Mettiamo in forno preriscaldato a 180 °C per circa 50 minuti in modalità statica. Emanerà un profumo irresistibile!

Pere e cioccolato sono un abbinamento strepitoso che troviamo in tanti dolci: nelle crostate e nelle cheesecake, oppure nel classico dessert con le pere cotte al forno e inondate di cioccolato fondente.

BRIOCHE DANESI ALLA CREMA

16 BRIOCHE

ingredienti per l'impasto

- 250 ML DI LATTE
- 12 G DI LIEVITO DI BIRRA
- 1 UOVO
- 80 ML DI OLIO DI SEMI DI GIRASOLE
- 80 G DI ZUCCHERO
- 1 BUSTINA DI VANILLINA
- 550 G DI FARINA (MEGLIO METÀ 00, METÀ MANITOBA)

per la crema

- 100 G DI UVETTA
- 250 ML DI LATTE
- 1 PEZZETTO DI BUCCIA DI LIMONE
- 1 UOVO
- 50 G DI ZUCCHERO
- 15 G DI AMIDO DI MAIS

1 In una ciotola versiamo il latte tiepido, sbricioliamo il lievito e mescoliamo finché non è completamente sciolto. Aggiungiamo l'uovo, l'olio, lo zucchero, la vanillina e giriamo.

2 Incorporiamo la farina poco alla volta. Trasferiamo l'impasto sul piano e lo lavoriamo bene. Facciamo un panetto che poniamo in una ciotola. Copriamo con la pellicola e con un panno, poi lasciamo lievitare per mezz'ora.

3 Nel frattempo prepariamo la crema. Per prima cosa, mettiamo a bagno l'uvetta in acqua fredda e scaldiamo il latte in un pentolino con la buccia di limone.

4 In una ciotola rompiamo l'uovo, uniamo lo zucchero e l'amido e mescoliamo. Poi versiamo il latte caldo sul composto. Giriamo bene con una frusta per amalgamare, e portiamo la crema sul fuoco. Mescoliamo finché non inizia ad addensare, quindi spegniamo.

5 Passata mezz'ora, stendiamo l'impasto su un foglio di carta forno, cercando di ottenere un rettangolo dello spessore di circa 0,5 cm. Distribuiamo la crema calda ma non bollente (il calore accelererà la prossima lievitazione). Strizziamo e cospargiamo l'uvetta sulla crema.

6 Ora arrotoliamo aiutandoci con la carta forno. Con un coltello tagliamo delle fette spesse 2-3 cm. Sistemiamo le girelle sulla placca, non troppo vicine perché aumentano di volume sia durante la lievitazione sia in cottura, ricopriamo con la pellicola e facciamo riposare per circa un'ora in luogo caldo.

7 Mettiamo in forno statico preriscaldato a 180 °C per 20 minuti, oppure a 170 °C per 20 minuti in modalità ventilata, finché non saranno ben dorate. Sforniamo e lasciamo raffreddare. Semplicemente fantastiche!

FRITTELLE DI MELA

50 FRITTELLE

ingredienti

- 2 MELE GRANDI
- SUCCO DI 1 LIMONE
- 1 CUCCHIAIO DI ZUCCHERO
- CANNELLA IN POLVERE A PIACERE
- OLIO PER FRIGGERE Q.B.

per la pastella

- 2 UOVA MEDIE
- 80 G DI ZUCCHERO
- 200 ML DI ACQUA FRIZZANTE
- 1 CUCCHIAIO DI ACETO
- 350 G DI FARINA

per decorare

- ZUCCHERO A VELO Q.B.

1 Sbucciamo e tagliamo a dadini in una ciotola le due mele. Irroriamo con il succo di limone, uniamo lo zucchero e un po' di cannella in polvere. Mescoliamo bene e lasciamo riposare per qualche minuto, così le mele si insaporiscono.

2 Prepariamo la pastella. In una ciotola rompiamo le uova e uniamo lo zucchero, l'acqua frizzante e l'aceto. La combinazione di acqua frizzante e aceto agirà da lievito e renderà soffici le nostre frittelle. Con uno sbattitore elettrico frulliamo e aggiungiamo la farina, un po' alla volta. Quando la pastella è pronta, versiamo le mele e mescoliamo con un cucchiaio.

3 In una padella scaldiamo l'olio per friggere; per vedere se è pronto basta immergere uno stecchino di legno: se fa le bollicine, vuol dire che possiamo cominciare.

4 Tuffiamo nell'olio bollente un cucchiaino di pastella alla volta. Ne mettiamo 8-10 e lasciamo friggere, rigirando delicatamente. Quando le frittelle sono dorate da tutte le parti, possiamo scolare e passare sulla carta assorbente. Procediamo fino a terminare l'impasto.

5 Sistemiamo le nostre frittelle di mela su un bel vassoio e spolveriamo di zucchero a velo.

Ecco dei bocconcini che conservano tutta la dolcezza delle mele. Prepariamo una pastella che renderà le frittelle croccanti fuori e soffici dentro.

CROSTATA SBRICIOLATA BOUNTY

6–8 PERSONE

ingredienti per farcire

- 40 G DI AMIDO DI MAIS
- 100 G DI ZUCCHERO
- 1 BUSTINA DI VANILLINA
- ½ LITRO DI LATTE
- 60 G DI FARINA DI COCCO

per la frolla

- 350 G DI FARINA
- 100 G DI ZUCCHERO
- 50 G DI CACAO AMARO
- 1 BUSTINA DI LIEVITO PER DOLCI (16 G)
- 2 UOVA
- 120 G DI BURRO

L'impasto sbriciolato si prepara con le mani ed è un modo simpatico per coinvolgere i più piccoli nella preparazione.

1 Per la crema al cocco, raccogliamo in un pentolino l'amido di mais, lo zucchero e la vanillina. Aggiungiamo il latte a filo mentre mescoliamo con la frusta.

2 Quando il composto è omogeneo, portiamo il pentolino sul fuoco e giriamo in continuazione fino a quando la crema non si addensa. Spegniamo. Incorporiamo poco alla volta la farina di cocco, sempre mescolando. Copriamo il pentolino con la pellicola e teniamo da parte.

3 Ora pensiamo alla frolla. In una ciotola capiente versiamo la farina, lo zucchero, il cacao e il lievito e mischiamo. Quindi aggiungiamo le uova e il burro ammorbidito a temperatura ambiente. Lavoriamo bene con le mani: dobbiamo amalgamare tutti gli ingredienti e allo stesso tempo cercare di sbriciolarli.

4 Rivestiamo con carta forno uno stampo per crostate di 26 cm di diametro. Trasferiamo la metà dell'impasto sbriciolato e premiamo con le mani per compattare la base della torta. Premiamo bene anche sui bordi.

5 Versiamo la crema e livelliamo la superficie con una spatola o un cucchiaio. Con le mani distribuiamo poco alla volta il resto dell'impasto sbriciolato su tutta la superficie fino a ricoprire completamente la torta. Con molta delicatezza pressiamo con le dita i bordi e con il palmo la superficie.

6 Mettiamo a cuocere in forno preriscaldato a 180 °C per 35-40 minuti in modalità statica, oppure a 170 °C per 35-40 minuti in forno ventilato.

7 Terminata la cottura sforniamo la crostata. Attendiamo qualche minuto e rovesciamola su un piatto, rimuoviamo la carta forno dalla base e trasferiamola sul vassoio o sul piatto da portata. Ecco pronta la nostra sbriciolata!

CROSTATA ARROTOLATA

6–8 PERSONE

ingredienti

- 2 UOVA
- 120 G DI ZUCCHERO
- 100 ML DI OLIO DI SEMI DI GIRASOLE
- 80 ML DI LATTE
- ½ BUSTINA DI LIEVITO PER DOLCI (8 G)
- BUCCIA GRATTUGIATA DI ½ LIMONE
- 450 G DI FARINA
- 200–300 G DI CONFETTURA O CREMA SPALMABILE AL CIOCCOLATO
- GRANELLA DI ZUCCHERO Q.B.

1 In una ciotola versiamo un uovo intero più un albume. Teniamo da parte il tuorlo che servirà per spennellare. Aggiungiamo lo zucchero, l'olio, il latte, il lievito e la buccia di limone. Iniziamo a mescolare e uniamo la farina poco alla volta.

2 Continuiamo a lavorare l'impasto sul tavolo con le mani, fino a incorporare tutta la farina. L'impasto della pasta frolla senza burro deve avere una consistenza omogenea; è pronto quando non si attacca più alle dita.

3 Infariniamo un foglio di carta forno. Sopra stendiamo la pasta frolla con il matterello a uno spessore di circa 0,5 cm, cercando di ottenere una forma rettangolare.

4 Spalmiamo la confettura oppure la crema al cioccolato, poi, aiutandoci con la carta forno, arrotoliamo la sfoglia e la trasferiamo sulla placca.

5 Con il rosso d'uovo avanzato spennelliamo la superficie della crostata arrotolata. Infine distribuiamo la granella di zucchero. Cuociamo in forno preriscaldato a 180 °C e lasciamo cuocere per 35-40 minuti in modalità statica. Con il forno ventilato bastano 35 minuti a 170 °C. La crostata arrotolata potrebbe spaccarsi in superficie, ma non preoccupatevi: è ancora più appetitosa con il ripieno a vista!

Questo rotolo farcito alla ciliegia (come nella foto) è un dolce goloso e perfetto per la merenda dei bambini. Possiamo variare il ripieno usando confetture diverse, crema al cioccolato o crema di nocciole per avere ogni volta una sorpresa!

CROSTATA COCCOCIOCCO

6–8 PERSONE

ingredienti per la frolla

- 2 UOVA
- 120 G DI ZUCCHERO
- 100 ML DI OLIO DI SEMI DI GIRASOLE
- 30 G DI CACAO AMARO
- ½ BUSTINA DI LIEVITO PER DOLCI
- 300 G CIRCA DI FARINA

per farcire

- 250 G DI RICOTTA
- 2 CUCCHIAI DI ZUCCHERO
- 2 CUCCHIAI DI FARINA DI COCCO
- 2 CUCCHIAI DI NUTELLA O CREMA SPALMABILE ALLE NOCCIOLE

1 In una ciotola rompiamo le uova, aggiungiamo lo zucchero, l'olio, il cacao e il lievito, mescoliamo e poi uniamo la farina poco per volta. Quando l'impasto diventa più consistente, lo trasferiamo sul tavolo e continuiamo a lavorarlo con le mani fino a incorporare tutta la farina. La pasta frolla è pronta quando non si attacca più alle dita e l'impasto è elastico e omogeneo.

2 Teniamo da parte circa un terzo dell'impasto e stendiamo il rimanente con il matterello. Ungiamo e infariniamo una teglia di 26 cm di diametro e ci sistemiamo la pasta frolla.

3 Prepariamo la farcitura mescolando alla ricotta lo zucchero e la farina di cocco. I supergolosi possono aggiungere anche gocce di cioccolato.

4 Spalmiamo sulla base di pasta frolla la Nutella (possiamo scaldarla leggermente al microonde per ammorbidirla). Quindi distribuiamo la farcia di ricotta.

5 Stendiamo la frolla rimasta e con una rotella ricaviamo delle strisce con cui decorare la superficie.

6 Mettiamo in forno statico preriscaldato a 180 °C per circa 40 minuti, oppure a 170 °C se ventilato. Se la ricotta dovesse scurirsi, copriamo la crostata con alluminio o carta forno e proseguiamo la cottura. Sforniamo e lasciamo raffreddare completamente. Ora possiamo tagliare e assaggiare la nostra crostata coccociocco!

Con amici e parenti vogliamo fare
bella figura e vederli felici e soddisfatti!
Conosciamo tutti i loro gusti:
uno ama il salato, l'altro mangia solo pasta,
l'amica è vegetariana e i bambini
si aspettano sempre il dolce! Accontentiamoli
tutti con ricette facili e gustose!

ARRIVANO GLI AMICI

CROCCHETTE DI PATATE

15 CROCCHETTE

ingredienti

- 500 G DI PATATE
- 1 UOVO
- 60 G DI PARMIGIANO GRATTUGIATO
- 50 G DI PANGRATTATO
- SALE
- 15 CILIEGINE DI MOZZARELLA
- OLIO PER FRIGGERE Q.B.

per la panatura

- FARINA Q.B.
- 1 UOVO
- PANGRATTATO Q.B.

1 Lessiamo le patate in acqua bollente, le sbucciamo e le schiacciamo. Lasciamo intiepidire e aggiungiamo l'uovo sbattuto, il parmigiano, il pangrattato e saliamo. Amalgamiamo per ottenere un composto omogeneo.

2 Ora diamo forma alle crocchette: prendiamo un po' di impasto, lo appiattiamo nel palmo della mano e all'interno mettiamo una mozzarellina. Richiudiamo l'impasto e formiamo una pallina.

3 Una volta preparate tutte le crocchette, le impaniamo passandole prima nella farina, poi nell'uovo sbattuto e infine nel pangrattato.

4 In una padella scaldiamo l'olio per friggere; per vedere se è pronto basta immergere uno stecchino di legno: se fa le bollicine, vuol dire che possiamo cominciare. Friggiamo un po' alla volta, rigirando le crocchette da tutti i lati. Quando sono belle dorate, le scoliamo su carta assorbente.

Portate in tavola questi bocconcini croccanti fuori e con un morbido cuore filante, andranno a ruba!

PLUMCAKE RUSTICO CON SPINACI E SPECK

4–6 PERSONE

ingredienti

- 4 UOVA
- 15 G DI SALE
- 30 G DI ZUCCHERO
- 150 ML DI OLIO DI SEMI DI GIRASOLE
- 180 ML DI LATTE
- 460 G DI FARINA
- 150 G DI SPINACI LESSATI
- 1 BUSTINA DI LIEVITO ISTANTANEO PER TORTE SALATE (16 G)
- 150 G DI SPECK A CUBETTI

1 In una ciotola rompiamo le uova e frulliamo con lo sbattitore elettrico. Aggiungiamo il sale, lo zucchero, l'olio e il latte.

2 Quindi iniziamo a incorporare la metà della dose di farina, sempre mescolando.

3 Ora aggiungiamo gli spinaci lessati e strizzati, il lievito e il resto della farina. Per ultimo uniamo lo speck. Mescoliamo con un cucchiaio e il nostro impasto è pronto!

4 Oliamo e infariniamo uno stampo per plumcake: per queste dosi ne ho usato uno di 30x10 cm. Versiamoci l'impasto e livelliamo.

5 Mettiamo in forno statico preriscaldato a 180 °C e lasciamo cuocere per circa 45 minuti. A fine cottura facciamo una prova infilando uno stecchino: se ne esce asciutto il plumcake è pronto, altrimenti aspettiamo ancora qualche minuto.

6 Lasciamo raffreddare e sformiamo. Tagliamo a fette e serviamo! Il plumcake rustico avrà una consistenza soffice e sarà dorato in superficie e di un bel verde all'interno.

Un piatto dal sapore rustico e contadino. Lo presentiamo tagliato a fette come un filoncino di pane, perché potrebbe sostituire il pane per un pranzo speciale o per una merenda sfiziosa!

RICETTA FURBA

QUICHE CON IL MINESTRONE

4–6 PERSONE

ingredienti

- ½ CIPOLLA
- OLIO EXTRAVERGINE DI OLIVA Q.B.
- 1 CONFEZIONE DA 450–500 G DI MINESTRONE SURGELATO
- SALE
- 1 CONFEZIONE DI PASTA SFOGLIA ROTONDA
- 2 UOVA
- 200 ML DI PANNA DA CUCINA
- 50 ML DI LATTE

1 In una padella facciamo soffriggere la cipolla affettata nell'olio, versiamo le verdure ancora surgelate e lasciamo cuocere per 10-15 minuti mescolando in continuazione. Regoliamo di sale.

2 Sistemiamo la sfoglia in una teglia di 26-28 cm con la sua carta forno, versiamo le verdure e livelliamo con un cucchiaio.

3 In una ciotola rompiamo le uova, aggiungiamo la panna da cucina, il latte e un pizzico di sale. Mescoliamo tutto; otterremo una crema liquida. La distribuiamo sul ripieno di verdure e ripieghiamo i bordi della pasta sfoglia a formare un cordoncino.

4 Inforniamo per 35-40 minuti a 190 °C in modalità statica. Quando la quiche è dorata in superficie, possiamo sfornare. Lasciamo raffreddare un po' e togliamo dalla teglia. Tagliamone subito una fetta: la panna e le uova hanno compattato il ripieno!

In vendita troverete tante varietà di minestrone con diverse proporzioni degli ingredienti, con o senza legumi. Tutti i tipi di minestrone sono perfetti per questa ricetta.

RICETTA FURBA

MUFFIN SALATI

12 MUFFIN

ingredienti

- 2 UOVA
- 100 ML DI LATTE
- 80 ML DI OLIO DI SEMI DI GIRASOLE
- 1 CUCCHIAIO DI ZUCCHERO
- 1 CUCCHIAINO DI SALE
- 1 CUCCHIAINO DI LIEVITO ISTANTANEO PER TORTE SALATE
- 230 G DI FARINA
- ½ ZUCCHINA
- 50 G CIRCA DI PROVOLA PICCANTE

1 In una ciotola rompiamo le uova e aggiungiamo il latte, l'olio, lo zucchero, il sale e il lievito. Cominciamo a frullare con uno sbattitore elettrico, quindi incorporiamo la farina, un po' alla volta.

2 Quando l'impasto è completamente amalgamato, tagliamo a pezzettini la zucchina e la provola per aggiungerle al composto. Mescoliamo bene con un cucchiaio.

3 Prendiamo lo stampo per muffin: possiamo imburrarlo e infarinarlo oppure usare i pirottini di carta. Riempiamo gli stampini con l'impasto e trasferiamo in forno statico preriscaldato a 180 °C per 20-25 minuti. A fine cottura i muffin saranno belli dorati in superficie.

Bocconcini golosi buonissimi da servire caldi appena sfornati, quando il formaggio è leggermente fuso. Sono ottimi anche il giorno dopo, freddi o riscaldati qualche minuto nel forno!

CARCIOFI E PATATE ALLA ROMANA

4 PERSONE

ingredienti

- 4–5 CARCIOFI PULITI
- 4–5 PATATE DELLA STESSA DIMENSIONE DEI CARCIOFI
- OLIO EXTRAVERGINE DI OLIVA Q.B.
- PREZZEMOLO Q.B.
- 1 SPICCHIO DI AGLIO
- ½ BICCHIERE DI VINO BIANCO
- SALE

1 In un tegame versiamo un po' di olio. Mondiamo i carciofi, eliminiamo le foglie dure più esterne e le punte, poi con le dita li allarghiamo leggermente e li sistemiamo a testa in giù nella pentola.

2 Mettiamo anche le patate sbucciate intere. Aggiungiamo prezzemolo e aglio tritati, il vino bianco e versiamo acqua fino ad arrivare ai tre quarti del tegame.

3 Portiamo sul fuoco e chiudiamo con il coperchio; durante la cottura aggiungiamo il sale e lasciamo cuocere per 40-50 minuti. Sistemiamo sul piatto da portata alternando carciofi e patate.

Un'idea da portare in tavola come antipasto o contorno, velocissima da realizzare e con pochi ingredienti! Nella ricetta tradizionale si usa il carciofo romano o mammola, una varietà senza spine.

FOCACCIA SEMPLICE AI POMODORINI

4 PERSONE

ingredienti

- 240 ML DI ACQUA
- 1 CUCCHIAINO DI ZUCCHERO (3 G)
- 10 G DI LIEVITO DI BIRRA
- 2 CUCCHIAI DI OLIO EXTRAVERGINE DI OLIVA (20 G)
- 300 G DI FARINA 0
- 2 CUCCHIAINI DI SALE (10 G)
- 10–12 POMODORINI

1 Versiamo l'acqua tiepida in una terrina e facciamo sciogliere lo zucchero. Uniamo il lievito di birra sbriciolato e mescoliamo bene fino a che non si sarà sciolto completamente. Versiamo anche l'olio.

2 In una ciotola mischiamo la farina con il sale e incorporiamo poco alla volta al lievito. Lavoriamo il composto continuamente con una spatola. Quando avremo accorpato tutta la farina, l'impasto sarà liscio, omogeneo e molto morbido. Copriamo la ciotola con la pellicola e poi con un panno. Lasciamo lievitare fino a che l'impasto non raddoppia il volume. A seconda della temperatura della stanza il tempo potrà variare da 1 a 2 ore.

3 Ungiamo d'olio il fondo di una teglia da forno rotonda di 30-32 cm di diametro. Trasferiamoci l'impasto, mettiamo un filo di olio e con le dita allarghiamo bene. Lasciamo lievitare per altri 30 minuti.

4 A questo punto distribuiamo su tutta la superficie i pomodorini tagliati a metà. Saliamo e cuociamo in forno statico preriscaldato a 210 °C per 20 minuti, o a 200 °C per 15-20 minuti in forno ventilato. Una volta pronta, sentirete che profumo! Aspettiamo un minuto e togliamola dalla teglia. La focaccia è buonissima sia calda sia fredda.

La farina tipo 0 è adatta a focacce e torte rustiche perché meno raffinata di quella 00, che invece è ottima nella preparazione di torte soffici. Le farine sono contrassegnate con 00, 0, 1, 2 (dalla più alla meno raffinata). Infine c'è la farina integrale che non ha subito alcuna trasformazione. Se c'è un mulino nei paraggi di casa, approfittiamone!

CROSTATA SALATA DI PESTO E ZUCCHINE

4–6 PERSONE

ingredienti per la base

- 125 ML DI OLIO DI SEMI DI GIRASOLE
- 100 ML DI ACQUA
- ½ BUSTINA DI LIEVITO ISTANTANEO PER TORTE SALATE (8 G)
- 280 G DI FARINA

per il ripieno

- 250 G DI RICOTTA
- 120 G DI PESTO
- 1 ZUCCHINA
- OLIO EXTRAVERGINE DI OLIVA Q.B.
- SALE

1 Per preparare la base, raccogliamo in una ciotola l'olio, l'acqua e il lievito istantaneo. Mescoliamo bene e incorporiamo tutta la farina poco alla volta.

2 Su una spianatoia lavoriamo l'impasto con le mani fino a formare un panetto solido e omogeneo.

3 Con il matterello stendiamo la pasta a uno spessore di 0,5 cm. Trasferiamo la sfoglia in uno stampo di 28 cm di diametro leggermente oliato e infarinato. Lasciamo da parte un po' d'impasto per la decorazione finale.

4 In una ciotola ammorbidiamo con la forchetta la ricotta e aggiungiamo il pesto. Distribuiamo la crema sulla pasta.

5 Tagliamo la zucchina a fette sottili e le disponiamo a formare dei cerchi concentrici, dal più grande al più piccolo. Decoriamo il bordo con la pasta avanzata; se vogliamo possiamo fare anche degli intrecci come nelle più classiche crostate dolci.

6 Condiamo con un filo d'olio, un pizzico di sale e inforniamo in forno statico a 180 °C per 20 minuti. Possiamo servire la crostata sia tiepida sia fredda, sarà comunque buonissima!

La base della crostata è senza uova ed è pronta in 10 minuti: perfetta da preparare all'ultimo momento!

GIRELLE DI SFOGLIA E SPINACI

12 GIRELLE

ingredienti

- 300 G CIRCA DI SPINACI
- 1 ROTOLO DI PASTA SFOGLIA RETTANGOLARE
- 200 G DI FORMAGGIO SPALMABILE
- SALE
- NOCE MOSCATA Q.B.

1 Facciamo lessare gli spinaci in acqua salata, li scoliamo, li strizziamo per bene e ne pesiamo 300 g.

2 Srotoliamo la pasta sfoglia, lasciandola nella sua carta forno, ricopriamo con abbondante formaggio spalmabile, poi distribuiamo anche gli spinaci. Aggiustiamo di sale e a piacere diamo una grattata di noce moscata.

3 Arrotoliamo la sfoglia aiutandoci con la carta forno, che poi eliminiamo. Tagliamo il rotolo a fette dello spessore di circa 2 cm. Sistemiamo le girelle in una teglia rivestita di carta forno. Lasciamo cuocere in forno statico a 200 °C per 15-20 minuti, finché non saranno belle dorate.

Gli spinaci sono tra le mie verdure preferite. Li mangio crudi, conditi con tanto succo di limone, oppure cotti per pochi minuti in abbondante acqua salata o anche saltati in padella con un po' d'olio. Ne tengo sempre una scorta in freezer perché sono preziosi alleati in mille occasioni e si prestano per condire la pasta assieme al formaggio cremoso, per essere aggiunti al ripieno dei ravioli o dei cannelloni, per farcire una torta salata abbinati alla mozzarella oppure per preparare uno stuzzichino sfizioso, come in questo caso.

ROTOLINI AGLI SPINACI

RICETTA FURBA

15 ROTOLINI

ingredienti

- 150 G CIRCA DI SPINACI
- 4 UOVA
- 30 G DI PARMIGIANO
- SALE

per il ripieno

- 50 G DI FORMAGGIO SPALMABILE
- 150 G DI PROSCIUTTO COTTO

1 Lessiamo gli spinaci in acqua bollente salata, li scoliamo e li strizziamo bene. Ne pesiamo 150 g.

2 In una ciotola sbattiamo le uova, aggiungiamo il parmigiano, un pizzico di sale, poi uniamo gli spinaci tagliuzzati e amalgamiamo bene.

3 Versiamo la frittata in una teglia di 20x30 cm rivestita di carta forno. Io per praticità ne utilizzo una di alluminio monouso da 6 porzioni. Lasciamo cuocere a 180 °C per 10-15 minuti in forno statico, oppure a 170 °C per 10-15 minuti in modalità ventilata.

4 Terminata la cottura, togliamo la frittata dalla teglia aiutandoci con la carta forno e la rovesciamo su un foglio pulito. Rimuoviamo con delicatezza quello usato in cottura.

5 Distribuiamo il formaggio spalmabile e copriamo con le fette di prosciutto cotto. Ora arrotoliamo la frittata insieme alla carta forno. Alla fine il rotolo dovrà essere completamente incartato e le estremità chiuse. Sembrerà una grossa caramella.

6 Teniamo in frigo per almeno 2 ore, oppure fino al momento di servire. Eliminiamo la carta forno, affettiamo il rotolo, che risulterà compatto, e sistemiamo tutto in un vassoio. Oltre a essere buonissimi, questi rotolini sono anche molto colorati e hanno un aspetto invitante.

I rotolini di frittata sono una soluzione perfetta, da preparare in anticipo e tagliare all'occorrenza. Divertenti, economici e alla portata di tutti, si preparano in pochi minuti!

SBRICIOLATA DI PATATE

4–6 PERSONE

ingredienti per la base

- 600 G DI PATATE
- SALE
- 1 UOVO
- 40 G PARMIGIANO GRATTUGIATO
- 170–180 G DI FARINA

per il ripieno

- OLIO EXTRAVERGINE DI OLIVA Q.B.
- ½ CIPOLLA
- 2 SALSICCE
- 200 G DI MOZZARELLA (MEGLIO QUELLA PER PIZZA: FA MENO ACQUA IN COTTURA)
- 2 CUCCHIAI DI PANE GRATTUGIATO
- PEPE

1 Per prima cosa lessiamo le patate in acqua bollente.

2 Nel frattempo versiamo l'olio in una padella e soffriggiamo la cipolla tagliata a striscioline. Aggiungiamo le salsicce a pezzettini e portiamo a cottura.

3 Controlliamo le patate: per capire se sono pronte basta pungerle con la forchetta: se sono morbide possiamo scolarle. Ora le dobbiamo sbriciolare. Possiamo sbucciarle e poi schiacciarle con la forchetta oppure, se abbiamo lo schiacciapatate, basta tagliarle a metà e passarle nell'utensile: la buccia rimarrà dentro lo schiacciapatate.

4 Raccogliamo le patate schiacciate in una ciotola, uniamo il sale e l'uovo e mescoliamo bene. Quindi incorporiamo il formaggio grattugiato e la farina. Mescoliamo.

5 Rivestiamo il fondo di una tortiera apribile di 24 cm di diametro con carta forno. Ricopriamo la base con l'impasto di patate, premendo con le mani per compattarlo. Lasciamone un po' da parte per la copertura.

6 Versiamo il ripieno di salsiccia sulla base. Distribuiamo anche la mozzarella a dadini.

7 Prendiamo dei pezzettini di impasto avanzato e cospargiamolo su tutta la superficie. In questo modo si creano dei riccioli di patate che in cottura diventeranno croccanti. Terminiamo con una spolverata di pane grattugiato e un po' di pepe.

8 Inforniamo e lasciamo cuocere per 35 minuti a 200 °C in forno statico. Aspettiamo qualche minuto, apriamo la tortiera e assaggiamo subito. Il ripieno è delizioso e la superficie dorata e croccante!

CROSTATA SALATA DI CIPOLLE ROSSE

4–6 PERSONE

ingredienti per il ripieno

- 2 CIPOLLE ROSSE
- 1 NOCE DI BURRO (25 G CIRCA)
- 2 CUCCHIAI DI ZUCCHERO
- 2–3 CUCCHIAI DI ACETO O ACETO BALSAMICO
- 250 G DI RICOTTA VACCINA
- SALE

per la pasta brisé

- 100 ML DI OLIO DI SEMI DI GIRASOLE
- 80 ML DI ACQUA
- SALE
- 1 CUCCHIAINO DI LIEVITO ISTANTANEO PER TORTE SALATE
- 250 G DI FARINA

1 Per prima cosa dedichiamoci al ripieno. Puliamo le cipolle rosse, le tagliamo a fette sottili e le mettiamo in padella. Aggiungiamo il burro tagliato a pezzetti e portiamo sul fuoco.

2 Mescoliamo bene e, appena il burro è sciolto, aggiungiamo lo zucchero e l'aceto: le cipolle devono appassire e caramellare leggermente; basteranno pochi minuti di cottura, mescolando di continuo. Spegniamo il fuoco e teniamo da parte.

3 Per la base della crostata prepariamo una pasta brisé facile. In una ciotola versiamo l'olio, l'acqua, un pizzico di sale e il lievito. Iniziamo a incorporare la farina un po' alla volta.

4 Quando l'impasto diventa solido, lo trasferiamo sul tavolo e continuiamo a lavorare con le mani fino a ottenere un composto omogeneo ed elastico.

5 Prepariamo una teglia di 26 cm di diametro oliata e infarinata.

6 Su un foglio di carta forno stendiamo la pasta con il matterello cercando di ottenere una sfoglia rotonda. Rovesciamo il foglio sulla teglia, accomodiamo la brisé, poi lo rimuoviamo delicatamente. Con un coltello tagliamo i bordi in eccesso.

7 In una ciotola ammorbidiamo la ricotta con un pizzico di sale, quindi la spalmiamo sulla base. Distribuiamo sopra le cipolle rosse.

8 Cuociamo in forno statico preriscaldato a 180 °C per circa 40 minuti. La crostata salata di cipolle rosse è pronta per essere sfornata, tagliata… e assaggiata!

CHIPS DI ZUCCHINE

4–6 PERSONE

ingredienti

- OLIO PER FRIGGERE Q.B.
- ZUCCHINE
- FARINA DI SEMOLA DI GRANO DURO Q.B.
- SALE

1 Mettiamo la padella sul fuoco e scaldiamo l'olio per friggere.

2 Mondiamo le zucchine e le tagliamo in fette sottilissime con una mandolina.

3 In un piatto versiamo la farina di semola e, quando l'olio è pronto, passiamo le fettine nella farina e poi le tuffiamo nell'olio. Friggiamole un po' alla volta.

4 Giriamo le chips e, quando sono belle dorate, le scoliamo dall'olio e le posiamo su carta assorbente. Saliamo a piacere ed eccole pronte, croccantissime e gustose!

Per i nostri ospiti prepariamo delle zucchine fritte: un'alternativa alle patatine sfiziosa e un po' insolita!

CAVOLFIORE FRITTO IN PASTELLA

4 PERSONE

ingredienti

- 1 CAVOLFIORE
- 200 ML DI ACQUA FRIZZANTE
- 200 G DI FARINA
- SALE
- BUCCIA GRATTUGIATA DI 1 LIMONE
- OLIO PER FRIGGERE Q.B.

1 Mondiamo e tagliamo il cavolfiore in cimette e lo facciamo bollire in acqua salata per 10 minuti.

2 Nel frattempo prepariamo la pastella: in una ciotola versiamo l'acqua frizzante e aggiungiamo la farina poco per volta, mescolando bene perché non si formino grumi. Uniamo un pizzico di sale e la buccia di limone grattugiata.

3 Scoliamo i cavolfiori ancora al dente e li lasciamo intiepidire.

4 Nel frattempo scaldiamo l'olio per friggere, quindi passiamo le cimette di cavolfiore nella pastella, poche alla volta, e le friggiamo rigirando spesso. Cuoceranno nel giro di 3-5 minuti.

5 Le scoliamo su carta assorbente e siamo pronti per servire un piatto di bocconcini croccanti!

L'olio per friggere è un mix di oli vegetali. Gli oli adatti alla frittura sono quelli che raggiungono il punto di fumo con una temperatura più alta. L'olio di oliva sarebbe perfetto, il problema sta nel costo! In ogni caso, quando l'olio inizia a fumare sostituitelo!

INSALATA DI FINOCCHI E ARANCE

4 PERSONE

ingredienti

- 2 FINOCCHI
- 1 ARANCIA NON TRATTATA
- 100–150 G DI OLIVE NERE
- SALE
- OLIO EXTRAVERGINE DI OLIVA Q.B.

1 Raccogliamo in una ciotola i finocchi e l'arancia (con la buccia) tagliati a fette sottili.

2 Aggiungiamo le olive nere, un pizzico di sale e l'olio, quindi mescoliamo bene. Ecco un'insalata fresca, originale e colorata da portare in tavola in pochi minuti!

Nella mia famiglia l'insalata di finocchi e arance si mangia di frequente. Usiamo le olive "strinate". Quando raccogliamo le olive per fare l'olio, scegliamo le più belle, grandi e sane, le condiamo con abbondante sale grosso e con scorzette di arancia tagliate a fette sottili. Mescoliamo bene, poi le sistemiamo in una vecchia federa di cotone che lasciamo al freddo per 10-15 giorni (a "strinare", cioè a far prendere freddo), ma agitiamo spesso il sacco. Il freddo e il sale eliminano il sapore amaro e rendono le olive dolci e saporite. Passato il periodo all'aperto, si sciacquano e si conservano sott'olio o in freezer. Quando vogliamo preparare l'insalata di finocchi e arance, mettiamo a bagno le olive per qualche minuto in acqua tiepida, quindi le scoliamo e le uniamo all'insalata.

RICETTA FURBA

CROSTINI CON IL MINESTRONE

4 PERSONE

ingredienti

- ½ CIPOLLA
- OLIO EXTRAVERGINE DI OLIVA Q.B.
- 1 CONFEZIONE DA 450–500 G DI MINESTRONE SURGELATO
- SALE
- 8–10 FETTE DI PANE RAFFERMO
- 300 G DI MOZZARELLA

1 In una padella facciamo soffriggere nell'olio la cipolla affettata, versiamo il minestrone ancora surgelato e lasciamo cuocere 10-15 minuti mescolando in continuazione. Regoliamo di sale.

2 Tostiamo in forno le fette di pane raffermo, basteranno pochi minuti. Quindi distribuiamo su ognuna una fetta di mozzarella e uno strato abbondante di minestrone.

3 Mettiamo in forno statico preriscaldato a 200 °C per 5-6 minuti, quanto basta per far sciogliere la mozzarella. Sforniamo e serviamo.

Questa è un'ottima soluzione per tutti i momenti in cui non sappiamo che cosa cucinare o non abbiamo molte provviste! Nel minestrone in busta c'è già tutto quello che serve.

ROTOLO AL SALMONE

4 PERSONE

ingredienti

- 6 UOVA
- 2 CUCCHIAI DI POMODORO CONCENTRATO
- 30 G DI PARMIGIANO GRATTUGIATO
- SALE

per il ripieno

- 150 G DI FORMAGGIO SPALMABILE
- 100 G DI SALMONE AFFUMICATO
- ½ CETRIOLO
- PEPE

1 Sbattiamo le uova insieme al concentrato di pomodoro, aggiungiamo il parmigiano e un pizzico di sale. In questo modo otterremo una frittata di un bel colore arancio e saporita.

2 Versiamo l'impasto in una teglia di 22x32 cm rivestita di carta forno. Io per praticità ne utilizzo una di alluminio monouso da 6 porzioni. Lasciamo cuocere a 180 °C per 10-15 minuti in forno statico, oppure a 170 °C sempre per 10-15 minuti in modalità ventilata.

3 Terminata la cottura, togliamo la frittata dalla teglia aiutandoci con la carta forno e la rovesciamo su un foglio pulito. Rimuoviamo con delicatezza quello usato in cottura.

4 Distribuiamo il formaggio spalmabile, le fette di salmone e il cetriolo tagliato per il lungo. Terminiamo con un po' di pepe.

5 Ora arrotoliamo la frittata insieme alla carta forno. Alla fine il rotolo sarà completamente incartato e le estremità chiuse come in una grossa caramella.

6 Teniamo in frigo per almeno 2 ore, oppure fino al momento di servire. Ora possiamo rimuovere la carta forno e tagliare a fette il nostro rotolo al salmone. Sistemiamo su un vassoio e portiamo in tavola.

TORTA SALATA SOFFICE ALLE ZUCCHINE

4–6 PERSONE

ingredienti

- 200 G CIRCA DI ZUCCHINE
- 3 UOVA
- 2 CUCCHIAINI DI SALE
- 1 CUCCHIAINO DI ZUCCHERO
- 40 G DI PARMIGIANO GRATTUGIATO
- 150 ML DI LATTE
- 150 ML DI OLIO DI SEMI DI GIRASOLE
- 50 G DI FECOLA DI PATATE
- 250 G DI FARINA
- 1 BUSTINA DI LIEVITO ISTANTANEO PER TORTE SALATE (15 G)
- 100 G DI PROSCIUTTO COTTO
- 100 G DI EMMENTAL

1 Grattugiamo e raccogliamo le zucchine in una ciotola.

2 In un'altra rompiamo le uova, aggiungiamo il sale e lo zucchero, poi il parmigiano. Mescoliamo con uno sbattitore elettrico e versiamo il latte, poi l'olio e la fecola. Quindi uniamo le zucchine grattugiate.

3 Continuiamo a frullare e incorporiamo la farina poco alla volta. Infine il lievito.

4 Aggiungiamo il prosciutto cotto e l'emmental tagliati a cubetti. Mescoliamo bene con un cucchiaio.

5 Rivestiamo uno stampo a cerniera con carta forno e versiamo il composto. Inforniamo a 180 °C per 40 minuti in modalità statica. Sforniamo la torta salata di zucchine, tagliamone una fetta e assaggiamo: è deliziosa!

La torta salata alle zucchine si presta a numerose varianti. Infatti, in alternativa al prosciutto e all'emmental, possiamo usare pisellini già cotti, funghi trifolati, un mix di verdure a vapore, pancetta a dadini, provola o scamorza, pomodorini, salsiccia, bacon, mortadella, würstel... insomma, tutto ciò che preferiamo!

ZUCCHINE IN PASTELLA

4 PERSONE

ingredienti

- 2 ZUCCHINE
- SALE
- OLIO PER FRIGGERE Q.B.
- 2 UOVA
- BUCCIA GRATTUGIATA DI ½ LIMONE
- 200 ML DI LATTE
- 200 G DI FARINA

1 Laviamo e asciughiamo le zucchine, quindi le tagliamo prima a metà e poi per il lungo a fette spesse non più di 0,5 cm. Saliamo e lasciamo insaporire qualche minuto.

2 Mettiamo l'olio a scaldare in una padella.

3 Prepariamo la pastella. In una ciotola rompiamo le uova, aggiungiamo la buccia di limone e un pizzico di sale. Sbattiamo con una forchetta e aggiungiamo il latte. Incorporiamo la farina poco alla volta sempre mescolando, fino a ottenere una pastella densa.

4 Quando l'olio è caldo, immergiamo le fette di zucchina nella pastella, una alla volta in modo che questa aderisca il più possibile, poi le tuffiamo nell'olio. Friggiamone poche per volta per qualche minuto, girandole spesso, finché non saranno belle dorate. Quindi scoliamo e posiamo su carta assorbente.

RICETTA FURBA

QUADRATINI DI SFOGLIA ALLA CIPOLLA

4 PERSONE

ingredienti

- 2 CIPOLLE ROSSE
- 1 NOCE DI BURRO (25 G CIRCA)
- 2 CUCCHIAI DI ZUCCHERO
- 2 CUCCHIAI DI ACETO
- 1 ROTOLO DI PASTA SFOGLIA RETTANGOLARE
- 200 G DI FORMAGGIO CAPRINO FRESCO

1 Puliamo le cipolle rosse e le tagliamo a fettine sottili, mettiamole in padella. Aggiungiamo il burro tagliato a pezzetti e portiamo sul fuoco. Mescoliamo bene e appena il burro è sciolto aggiungiamo lo zucchero e l'aceto, le cipolle devono appassire e caramellare leggermente, basteranno pochi minuti di cottura sempre mescolando. Spegniamo il fuoco e teniamo da parte.

2 Prendiamo il rotolo di pasta sfoglia e tagliamo in quadrati di 10-15 cm circa, sistemiamoli ben distanziati sulla placca del forno rivestita da carta forno e con una forchetta bucherelliamo la superficie della sfoglia.

3 Quindi mettiamo un cucchiaio di formaggio caprino al centro, allargandolo leggermente ma lasciando un centimetro dal bordo, sopra sistemiamo un bello strato di cipolla caramellata. Inforniamo in forno caldo e lasciamo cuocere a 200 °C per 15-20 minuti.

Sfiziosi e dal sapore particolare dato dall'abbinamento del caprino con la cipolla caramellata, questi quadratini di sfoglia sono un antipasto gustoso, facile e veloce da preparare.

ALICI PANATE AL FORNO

4–6 PERSONE

ingredienti

- 1 KG DI ALICI
- 2 UOVA
- SUCCO DI 1 LIMONE
- SALE
- PANGRATTATO Q.B.
- OLIO EXTRAVERGINE DI OLIVA Q.B.

1 Prendiamo delle alici belle fresche, le laviamo sotto acqua corrente, le puliamo togliendo le viscere e la lisca e le apriamo a metà. Mettiamole in una ciotola.

2 In un'altra ciotola rompiamo le uova e aggiungiamo il succo del limone e un pizzico di sale; sbattiamo il tutto con una forchetta. Versiamo il composto sulle alici e mescoliamo bene.

3 Lasciamo riposare circa mezz'ora, in questo modo si potranno insaporire per bene.

4 Prepariamo un piatto con il pangrattato e rivestiamo la placca con la carta forno. Impaniamo le alici per bene una alla volta da entrambi i lati. Le sistemiamo tutte sulla placca e irroriamo con olio a piacere. Al posto del pangrattato possiamo usare la crusca d'avena: le alici risulteranno croccantissime e molto gustose!

5 Lasciamo cuocere in forno statico preriscaldato a 200 °C per circa 30 minuti. Serviamole belle calde e croccanti, saranno un successo in tavola!

La preparazione delle alici panate è facilissima e veloce - adatta anche a chi non ama pulire e cucinare il pesce - e il risultato è delizioso. Possiamo cucinarle per arricchire un pranzo a base di pesce, servirle come antipasto sfizioso o semplicemente sgranocchiarle quando arriva un attacco di fame!

MENU

Antipasti

QUADRATINI DI SFOGLIA ALLA CIPOLLA

ROTOLINI AGLI SPINACI

CROSTATA SALATA DI PESTO E ZUCCHINE

Primi piatti

PASTA AL FORNO COL MINESTRONE

RISOTTO CARCIOFI E PISELLI

Secondi piatti

POLPETTE DI ZUCCHINE

BOCCONCINI DI POLLO ALLA MEDITERRANEA

Dessert

FINTO DIPLOMATICO

NEW YORK CHEESECAKE AI FRUTTI DI BOSCO

MENU
PER UNA CENA TRA AMICI

Ho preparato per voi un esempio di menu che si può creare scegliendo tra le ricette della sezione. Teniamo conto delle porzioni indicate nella ricetta e del numero degli ospiti, se serve raddoppiamo le dosi.

Quando sto con i miei amici prediligo ricette non troppo impegnative sia da cucinare sia da mangiare; inoltre propongo sempre delle alternative per accontentare tutti. Gli antipasti di questo menu sono perfetti sia caldi sia freddi; possiamo inserire alcune varianti come le crocchette di patate o i muffin salati. A me piace preparare un piatto da portata con tutti gli antipasti e metterlo al centro del tavolo.

Sia per i primi sia per i secondi preferisco che gli ospiti si servano da soli: rende tutto più conviviale e io sono meno impegnata a servire. Se la tavolata è numerosa, distribuisco due o tre piatti da portata... l'ho imparato al ristorante della mia famiglia!

Il dessert lo preparo sempre abbondante così, se ne avanza, lo regalo ai miei amici che se ne vanno con il mio pacchettino dolce ricordo.

Lo avrete già notato: se combiniamo quadratini di sfoglia alla cipolla, la crostata salata, il risotto carciofi e spinaci, polpette di zucchine e uno dei dessert, abbiamo un menu vegetariano.

SPAGHETTI ALLA PUTTANESCA DI TONNO

4 PERSONE

ingredienti

- 350 G DI SPAGHETTI
- OLIO EXTRAVERGINE DI OLIVA Q.B.
- ½ CIPOLLA
- PEPERONCINO Q.B. (FACOLTATIVO)
- 150 G DI TONNO SOTT'OLIO IN SCATOLA
- 400 G DI PASSATA DI POMODORO
- SALE
- 100 G DI OLIVE NERE
- PREZZEMOLO Q.B.

1 Mettiamo a cuocere gli spaghetti. Nel frattempo, in una padella capiente, facciamo soffriggere in olio la cipolla tagliata sottile.

2 Per una versione piccante possiamo aggiungere del peperoncino.

3 Eliminiamo l'olio dalla scatoletta e aggiungiamo il tonno nella padella. Lasciamo rosolare per alcuni minuti, quindi uniamo la passata di pomodoro, regoliamo di sale e infine mettiamo le olive nere denocciolate. Lasciamo cuocere mescolando ogni tanto.

4 Scoliamo gli spaghetti e li spadelliamo nel sugo per qualche minuto per farli insaporire. Distribuiamo nei piatti con una spolverata di prezzemolo tritato e... buon appetito!

Gli spaghetti alla puttanesca sono un primo piatto squisito. La velocità della preparazione lo rende adatto anche quando si presentano ospiti all'ultimo minuto.

RICETTA FURBA

COUSCOUS CON IL MINESTRONE SURGELATO

4 PERSONE

ingredienti

- ½ CIPOLLA
- OLIO EXTRAVERGINE DI OLIVA Q.B.
- 1 CONFEZIONE DA 450–500 G DI MINESTRONE SURGELATO
- SALE
- 300 G DI COUSCOUS A COTTURA RAPIDA
- 300 ML DI ACQUA
- SPEZIE A PIACERE: CURRY, CUMINO, CURCUMA

1 In una padella facciamo soffriggere la cipolla affettata in olio, versiamo le verdure ancora surgelate e lasciamo cuocere 15-20 minuti mescolando in continuazione. Regoliamo di sale.

2 Versiamo il couscous in una ciotola, aggiungiamo l'acqua bollente e copriamo per 5-8 minuti, seguendo le indicazioni della confezione. Trascorso il tempo necessario, il couscous sarà cotto ma compatto, quindi con una forchetta o con le mani lo sgraniamo bene.

3 A questo punto uniamo il minestrone e l'olio mescolando il tutto. A piacere possiamo aggiungere le spezie.

Ecco un altro modo per usare il minestrone surgelato in modo creativo. Un'ottima soluzione per tutti i momenti in cui non abbiamo proprio idea di che cosa preparare!

PASTA AL FORNO CON IL MINESTRONE SURGELATO

4 PERSONE

ingredienti

- ½ CIPOLLA
- OLIO EXTRAVERGINE DI OLIVA Q.B.
- 1 CONFEZIONE DA 450–500 G DI MINESTRONE SURGELATO
- SALE
- 350 G DI RIGATONI
- 500 ML DI BESCIAMELLA
- 30 G DI PARMIGIANO GRATTUGIATO
- 200 G DI MOZZARELLA
- PANGRATTATO Q.B.

1 In una padella capiente facciamo soffriggere la cipolla affettata nell'olio, versiamo le verdure ancora surgelate e lasciamo cuocere 10-15 minuti mescolando in continuazione. Regoliamo di sale.

2 Mettiamo a bollire i rigatoni nell'acqua salata; a metà cottura li scoliamo.

3 Versiamo i rigatoni nella padella assieme al minestrone. Aggiungiamo la besciamella, il parmigiano grattugiato, la mozzarella a cubetti e mescoliamo per bene.

4 Accomodiamo il tutto in una pirofila da forno, spolveriamo di pangrattato e trasferiamo in forno statico preriscaldato a 180 °C per 35-40 minuti finché la pasta non sarà gratinata.

Una variante super di questa ricetta consiste nell'aggiunta di 300 g di salsa di pomodoro nella padella con il minestrone. Lasciamo cuocere 3-4 minuti e condiamo la pasta. Mmmmm!

PASTA CON ZUCCHINE E SALSICCIA

4 PERSONE

ingredienti

- 2 CUCCHIAI DI OLIO EXTRAVERGINE DI OLIVA
- ½ CIPOLLA
- 2 SALSICCE
- 3 ZUCCHINE
- SALE
- 350 G DI RIGATONI
- 200 G DI ROBIOLA
- PARMIGIANO GRATTUGIATO Q.B.
- PEPE

1 Per prima cosa mettiamo sul fuoco l'acqua per cuocere la pasta.

2 In una padella capiente versiamo l'olio e la cipolla finemente tritata, aggiungiamo la salsiccia sbriciolata e facciamo rosolare. Quando sarà ben dorata, uniamo le zucchine tagliate a tocchetti, regoliamo di sale e lasciamo cuocere finché le zucchine non saranno appassite.

3 Scoliamo la pasta al dente e la buttiamo in padella. Aggiungiamo la robiola e mezzo mestolo di acqua di cottura. Col calore la robiola si scioglie e crea una cremina deliziosa. Lasciamo insaporire sul fuoco solo un paio di minuti mescolando spesso, infine, se piace distribuiamo una spolverata di parmigiano grattugiato e un po' di pepe. La pasta con zucchine e salsiccia è semplicemente deliziosa.

Questa ricetta mi riporta a quando ero bambina. Ricordo che in inverno, tra la fine di dicembre e i primi di gennaio, a casa mia si faceva la "salata". Dopo la macellazione del maiale, se ne lavoravano le carni per preparare i prosciutti, la coppa di testa, altri salumi e le salsicce. Il rito della lavorazione della carne riempiva la casa dell'aroma di spezie. Ogni componente della famiglia aveva un compito e anch'io, sebbene bambina, avevo il mio: bucavo le salsicce con un attrezzo particolare, una sorta di spazzola di spilli. Questa operazione serviva per eliminare acqua e liquidi della carne, ma allora per me era solo un gioco divertente!

RISOTTO CARCIOFI E PISELLI

4 PERSONE

ingredienti

- 1 SPICCHIO DI AGLIO
- OLIO EXTRAVERGINE DI OLIVA Q.B.
- 3 CARCIOFI
- ½ BICCHIERE DI ACQUA O VINO BIANCO
- 150 G DI PISELLI
- 400 G DI PASSATA DI POMODORO
- SALE
- 350 G DI RISO
- PARMIGIANO GRATTUGIATO Q.B.

1 In una casseruola soffriggiamo l'aglio con l'olio e poi uniamo i carciofi precedentemente mondati e tagliati a fettine.

2 Lasciamoli cuocere per 5-10 minuti finché si saranno ammorbiditi e sfumiamo con mezzo bicchiere di acqua o di vino bianco.

3 Aggiungiamo i piselli, la passata di pomodoro e il sale. Lasciamo cuocere il sugo per 10-15 minuti.

4 Nel frattempo, portiamo a bollore l'acqua in un'altra casseruola, saliamo e cuociamo il riso. Lo scoliamo al dente e lo uniamo al sugo, mantechiamo per qualche minuto e aggiungiamo parmigiano grattugiato a piacere.

Questo risotto è un gustoso primo piatto primaverile realizzato con verdure di stagione. Accompagniamolo, oltre che con un'abbondante spolverata di parmigiano grattugiato, anche con prezzemolo!

FUSILLI TRICOLORE TONNO E ZUCCHINE

4 PERSONE

ingredienti

- 350 G DI FUSILLI
- OLIO EXTRAVERGINE DI OLIVA Q.B.
- ½ CIPOLLA
- 150 G DI TONNO SOTT'OLIO IN SCATOLA
- 100 G DI ZUCCHINE
- 10–15 POMODORINI
- SALE
- BASILICO Q.B.

1 Mettiamo a cuocere i fusilli in acqua salata.

2 In una padella capiente facciamo soffriggere nell'olio mezza cipolla tagliata sottile. Uniamo il tonno e le zucchine tagliate a dadini. Giriamo.

3 Versiamo mezzo mestolo di acqua di cottura della pasta, uniamo i pomodorini tagliati a pezzetti e lasciamo cuocere. Regoliamo di sale.

4 Scoliamo i fusilli e trasferiamoli nella padella con il condimento, mescoliamo bene e serviamo con qualche foglia di basilico a guarnire il piatto.

Quando ero all'università, questa e altre ricette velocissime erano il mio salva-pranzo! La mia pasta tonno e zucchine è dedicata agli studenti e ai lavoratori fuori sede che ogni giorno preparano piatti veloci ed economici per gustarli con amici e colleghi!

INSALATA DI CECI, GAMBERETTI E MELONE

4 PERSONE

ingredienti

- 350–400 G DI CECI
- 100 G DI GAMBERETTI
- 1 GAMBO DI SEDANO
- 2–3 FETTE DI MELONE
- SALE
- OLIO EXTRAVERGINE DI OLIVA Q.B.
- BUCCIA E SUCCO DI ½ LIMONE

1 Per preparare un'insalata veloce e gustosa con i ceci e i gamberetti usiamo ingredienti già cotti in precedenza o li acquistiamo in scatola.

2 Versiamo i ceci nell'insalatiera. Aggiungiamo i gamberetti, il gambo di sedano tagliato a dadini e le fette di melone a pezzetti.

3 Condiamo con sale e olio. Infine uniamo la buccia grattugiata e il succo di limone. Mescoliamo e serviamo quest'ottima insalata, un'idea fresca e saporita per le cene d'estate.

Questa insalata originale è un gustoso contorno, ma può essere anche un piatto unico per una cena leggera.

PASTA E CAVOLFIORE

4 PERSONE

ingredienti

- 1 CAVOLFIORE PICCOLO
- 350 G DI FARFALLE
- SALE
- 100 G DI FORMAGGIO SPALMABILE
- 50 ML DI LATTE
- PEPE O PEPERONCINO

1 Mondiamo il cavolfiore e tagliamo tutte le cimette a pezzetti. Le laviamo sotto acqua corrente, le mettiamo in una casseruola capiente in abbondante acqua fredda e portiamo sul fuoco.

2 Quando l'acqua raggiunge il bollore, saliamo, buttiamo la pasta e lasciamo cuocere.

3 Nel frattempo in una padella capiente facciamo sciogliere il formaggio spalmabile con il latte, mescolando continuamente fino a ottenere una crema.

4 Scoliamo la pasta con il cavolfiore e li uniamo in padella alla crema di formaggio. Saltiamo per qualche minuto a fuoco medio mescolando frequentemente. La pasta e cavolfiore è pronta per essere servita. Per dare un tocco di sapore in più possiamo completarla a piacere con un pizzico di pepe o di peperoncino!

PASTA FREDDA MEDITERRANEA

4 PERSONE

ingredienti

- 150 G DI POMODORINI PACHINO O CILIEGINO
- 200 G DI MOZZARELLA
- OLIO EXTRAVERGINE DI OLIVA Q.B.
- FOGLIE DI BASILICO Q.B.
- 100 G DI OLIVE NERE
- 350 G DI MEZZE MANICHE O PASTA CORTA A SCELTA

1 Per prima cosa tagliamo i pomodorini e la mozzarella a pezzettini, condiamo con abbondante olio, il basilico, le olive e lasciamo insaporire.

2 Cuociamo la pasta e la scoliamo al dente, la passiamo subito sotto l'acqua corrente per raffreddarla e la facciamo scolare di nuovo per bene. Quindi la uniamo al condimento, mescoliamo il tutto e lasciamo riposare in frigo per un paio d'ore prima di servire.

La pasta fredda mediterranea è un altro dei primi piatti che non possono mancare sulla tavola d'estate. Eppure, visto che i pomodori si trovano tutto l'anno, non nascondo che ogni tanto la gusto anche nelle sere d'inverno, davanti al camino acceso. I profumi e i colori di questo piatto mi riportano subito alle giornate estive e mi torna il buonumore!

INSALATA DI RISO SUPER RICCA

4 PERSONE

ingredienti

- 300 G DI RISO
- 100 G DI POMODORINI PACHINO
- 1 MOZZARELLA
- 100 G DI EMMENTALER
- 250 G DI SOTTACETI
- 2 UOVA SODE
- 150 G DI MAIS IN SCATOLA
- 100 G DI CARCIOFINI SOTT'OLIO
- 1 SCATOLA DI TONNO SOTT'OLIO
- 100 G DI PROSCIUTTO COTTO IN FETTA UNICA
- 80 G DI OLIVE NERE
- OLIO EXTRAVERGINE DI OLIVA Q.B.
- ACETO Q.B.
- SALE

1 Cuciniamo il riso in acqua bollente, lo scoliamo al dente e lo facciamo raffreddare sotto l'acqua corrente. Lo lasciamo riposare in un colino per un'ora circa in modo che perda tutta l'acqua.

2 Raccogliamo in una ciotola capiente i pomodorini, la mozzarella, l'emmentaler, i sottaceti e le uova sode, tutto tagliato a pezzetti.

3 Uniamo il mais scolato dal liquido, i carciofini tagliati a pezzetti, il tonno, il prosciutto a dadini e le olive. Quindi aggiungiamo il riso, mescoliamo bene e condiamo con olio, aceto e sale.

4 Mettiamo in frigo e lasciamo riposare un paio d'ore prima di servire. In questo modo l'insalata di riso diventa più gustosa. Io ne preparo sempre in abbondanza perché il giorno dopo è ancora più buona!

Quando mi attende un'invasione di amici affamati, l'insalata di riso super ricca è il top. Prepariamola in anticipo e, quando arrivano i nostri ospiti, rilassiamoci con loro senza pensare ai fornelli.

GNOCCHETTI SARDI ALLE VERDURE

4 PERSONE

ingredienti

- OLIO EXTRAVERGINE DI OLIVA Q.B.
- ½ CIPOLLA
- ½ GAMBO DI SEDANO
- ½ CAROTA
- 200 G DI PISELLINI
- SALE
- 400 G DI PASSATA DI POMODORO
- 350 G DI GNOCCHETTI SARDI
- PARMIGIANO O RICOTTA SALATA Q.B.

1 Come prima cosa facciamo soffriggere l'olio in una padella con la cipolla, il sedano e la carota tagliati a dadini. Uniamo i pisellini, saliamo e lasciamo cuocere per qualche minuto.

2 Quando i pisellini si saranno leggermente ammorbiditi, uniamo la passata di pomodoro e lasciamo cuocere il sugo per 10-15 minuti a fuoco lento.

3 Nel frattempo portiamo l'acqua a bollore, saliamo e facciamo cuocere gli gnocchetti sardi. Scoliamoli al dente e uniamoli al sugo. Facciamo amalgamare per qualche minuto, girando con un cucchiaio. Infine cospargiamo la pasta di abbondante parmigiano grattugiato. E adesso... buon appetito!

Questo è uno dei miei piatti preferiti, perché mi ricorda i sapori e gli odori della mia infanzia. Da piccola la mangiavo molto spesso ed ero sempre contentissima quando la preparavano!

POLLO CON I PEPERONI

4 PERSONE

ingredienti

- 2 SPICCHI DI AGLIO
- ½ BICCHIERE DI OLIO EXTRAVERGINE DI OLIVA
- 1 POLLO DI 1 KG CIRCA A PEZZI
- SALE
- ½ BICCHIERE DI VINO BIANCO
- 1 BICCHIERE DI ACQUA
- 1 PEPERONE ROSSO
- 1 PEPERONE GIALLO
- 2 RAMETTI DI ROSMARINO

1 In un tegame facciamo soffriggere l'aglio nell'olio, poi aggiungiamo il pollo a pezzi e lasciamo rosolare. Regoliamo di sale.

2 Versiamo il vino e il bicchiere di acqua e lasciamo cuocere con il coperchio per mezz'ora, mescolando di tanto in tanto.

3 Quando il liquido si sarà assorbito, aggiungiamo i peperoni tagliati a strisce.

4 Solo a cottura quasi ultimata mettiamo il rosmarino e insaporiamo tutto con un po' di sale.

Il pollo con i peperoni è un secondo di carne che i miei amici adorano. Mi piace prepararlo con peperoni rossi e gialli per dare un tocco di colore al piatto. La ricetta è davvero semplice e la pietanza molto saporita.

PETTO DI TACCHINO AL MARSALA

4 PERSONE

ingredienti

- 4 CIPOLLE ROSSE DI MEDIE DIMENSIONI
- 3 CUCCHIAI DI OLIO EXTRAVERGINE DI OLIVA
- ½ BICCHIERE ABBONDANTE DI MARSALA
- 500 G DI FETTINE DI PETTO DI TACCHINO
- FARINA Q.B.
- SALE

1 Affettiamo finemente le cipolle e le mettiamo a rosolare nell'olio in un tegame.

2 Aggiungiamo il Marsala, copriamo con il coperchio e lasciamo appassire le cipolle.

3 Infariniamo le fette di tacchino e le sistemiamo nella pentola sopra le cipolle. Versiamo ancora un goccio di Marsala, regoliamo di sale e lasciamo cuocere, girando un paio di volte. La farina insieme alle cipolle e al Marsala forma una cremina deliziosa che renderà le fettine davvero irresistibili.

Per non piangere quando si affetta la cipolla, tagliamola a metà e mettiamola a bagno con acqua e aceto per 5 minuti. Così non irrita gli occhi mentre la affettiamo.

POLPETTONE DI TONNO

4 PERSONE

ingredienti

- 3 SCATOLE DI TONNO ALL'OLIO DI OLIVA DA 160 G L'UNA
- 3 UOVA
- 3 CUCCHIAI DI PARMIGIANO GRATTUGIATO
- 3 CUCCHIAI DI PANGRATTATO

1 Apriamo le scatolette di tonno e scoliamo l'olio. Versiamo il tonno in una ciotola e lo frantumiamo con una forchetta. Aggiungiamo le uova, il parmigiano e il pangrattato. Mescoliamo bene per amalgamare tutto l'impasto.

2 Prendiamo un foglio di carta forno e rovesciamo l'impasto. Diamo la forma al polpettone e arrotoliamo per bene con la carta forno chiudendo ai lati come se fosse una grossa caramella. Rivestiamo il polpettone di tonno con due fogli di alluminio e chiudiamo bene ai lati.

3 Sistemiamo l'involucro in una casseruola e riempiamo di acqua. Accendiamo il fuoco e lasciamo cuocere per 40 minuti da quando l'acqua inizia a bollire.

4 Terminata la cottura tiriamo fuori il polpettone di tonno e lo lasciamo raffreddare completamente ancora nel suo involucro.

5 Al momento di servire eliminiamo i fogli di alluminio e di carta forno. A questo punto il tonno sarà compatto e possiamo tagliarlo a fette. Sistemiamolo su un piatto e serviamo con un contorno di verdure oppure di salse a piacere.

Per quanto buona sia questa pietanza mangiata il giorno stesso, l'ideale sarebbe prepararla il giorno prima e tenerla in frigo.

POLPETTE DI ZUCCHINE

4 PERSONE

ingredienti

- 250 G DI ZUCCHINE
- 250 G DI RICOTTA
- 1 UOVO
- SALE
- 50 G DI PANGRATTATO + Q.B. PER IMPANARE
- OLIO PER FRIGGERE Q.B.

1 Mondiamo e grattugiamo le zucchine.

2 In una ciotola versiamo la ricotta e la schiacciamo con una forchetta per renderla più morbida. Rompiamo l'uovo e amalgamiamo.

3 Uniamo le zucchine grattugiate, un pizzico di sale e infine il pangrattato. Mescoliamo tutti gli ingredienti fino a ottenere un composto omogeneo.

4 Prepariamo un piatto con abbondante pangrattato e una padella con olio per friggere, che mettiamo a scaldare.

5 Con le mani formiamo le polpette di zucchine e le passiamo nel pangrattato.

6 Quando l'olio è bollente, friggiamo le polpette, un paio alla volta, rigirandole di tanto in tanto fino a che non saranno dorate su tutti i lati. Una volta pronte le scoliamo su carta assorbente.

7 Serviamo le polpette di zucchine su un piatto da portata accompagnandole con una salsa a piacere, come per esempio maionese o un buon ketchup fatto in casa.

Un'alternativa golosa per i nostri amici vegetariani o per i bambini che fanno fatica a mangiare le verdure.

CONIGLIO IN PORCHETTA ALLA MARCHIGIANA

4 PERSONE

ingredienti

- 3 SPICCHI DI AGLIO
- ABBONDANTE FINOCCHIETTO SELVATICO (CIRCA UN MAZZETTO)
- 2 RAMETTI DI ROSMARINO
- 1 RAMETTO DI MAGGIORANA
- 1 CONIGLIO INTERO DISOSSATO CON I SUOI FEGATINI
- SALE
- PEPE
- 150 G DI PANCETTA A FETTINE
- OLIO EXTRAVERGINE DI OLIVA Q.B. (OPPURE STRUTTO, SE SI PREFERISCE)
- 1 BICCHIERE DI VINO BIANCO

1 Per prima cosa tritiamo finemente aglio, finocchietto selvatico, rosmarino e maggiorana. Sistemiamo il coniglio disossato ben steso sopra un tagliere, saliamo, pepiamo, copriamo con il trito di odori, aggiungiamo la pancetta a fette, i fegatini e infine il trito rimasto.

2 Avvolgiamo la carne su se stessa in un rotolo abbastanza stretto. Leghiamo bene il coniglio con diversi giri di spago da cucina, lo sistemiamo in una teglia da forno e irroriamo con olio e vino.

3 Trasferiamo in forno statico già caldo e lasciamo cuocere per un paio di ore a circa 180 °C girando spesso in modo che la crosta esterna risulti ben dorata e croccante.

4 Terminata la cottura lasciamo raffreddare il coniglio, quindi lo tagliamo a fette.

La parte più lunga della preparazione è disossare il coniglio, ma potete chiedere al vostro macellaio di fiducia di farlo per voi. E poi se volete potete fare come me... ricambiare il favore con un bel dolce appena sfornato!

BOCCONCINI DI POLLO CROCCANTI

4 PERSONE

ingredienti

- 2 UOVA
- SALE
- SUCCO DI ½ LIMONE
- 150 G DI CORNFLAKES
- 500 G DI BOCCONCINI DI POLLO
- SALE
- 50 G DI FARINA
- OLIO PER FRIGGERE Q.B.

1 In una ciotola sbattiamo le uova con un pizzico di sale e il succo di limone.

2 Per ottenere una panatura super croccante usiamo i cornflakes. Li versiamo in una ciotola e li sminuzziamo con il fondo di un bicchiere oppure usiamo il robot da cucina. L'importante è non tritarli completamente, ma mantenerli un po' grossolani.

3 Raccogliamo i bocconcini di pollo in una ciotola; li saliamo, li passiamo nella farina, poi uno alla volta prima nell'uovo e subito dopo nei cornflakes, quindi li sistemiamo su un piatto.

4 Friggiamo in olio bollente pochi bocconcini per volta, rigirandoli di tanto in tanto fino a che non saranno croccanti e dorati. Scoliamo su carta assorbente. In alternativa, possiamo sistemarli in una pirofila con un filo di olio extravergine di oliva e passarli in forno statico preriscaldato a 200 °C per 20-25 minuti. Sgranocchiosissimi!

Questi bocconcini sono perfetti come finger food accompagnati da fettine di limone e salse a piacere, come ketchup, maionese, salsa allo yogurt, guacamole, salsa barbecue e mille altre.

ROTOLO DI FRITTATA CON PROSCIUTTO E FORMAGGIO

RICETTA FURBA

4 PERSONE

ingredienti

- 5 UOVA
- 25 G DI PARMIGIANO GRATTUGIATO
- 500 G DI ZUCCHINE
- SALE
- 200 G DI FORMAGGIO SPALMABILE
- 120 G DI PROSCIUTTO COTTO A FETTE

1 In una ciotola sbattiamo le uova insieme al parmigiano. Uniamo le zucchine grattugiate e regoliamo di sale. Mescoliamo bene.

2 Prepariamo una teglia rettangolare rivestita con carta forno. Io ne ho usato una di 32x22 cm. Versiamoci il composto e livelliamo con una spatola o con un cucchiaio. Mettiamo in forno statico preriscaldato a 180 °C per 20 minuti.

3 Sformiamo e lasciamo raffreddare completamente. Quindi rimuoviamo la carta forno usata in cottura e la sostituiamo con un foglio pulito, su cui appoggiamo la frittata.

4 Spalmiamo il formaggio su tutta la superficie, quindi copriamo con le fette di prosciutto cotto. Arrotoliamo la frittata aiutandoci con la carta forno, che andrà ben chiusa alle estremità a formare una grossa caramella.

5 Mettiamo in frigo per almeno un'ora. Al momento di servire, apriamo ed eliminiamo la carta forno e tagliamo il rotolo a fette compatte da servire fredde.

POLPETTE AL SUGO

4 PERSONE

ingredienti

- 500 G DI CARNE MACINATA MISTA
- SALE
- 1 UOVO
- 30 G DI PARMIGIANO GRATTUGIATO
- 1 CUCCHIAIO DI PREZZEMOLO TRITATO
- ½ BICCHIERE DI LATTE
- 120 G CIRCA DI PANGRATTATO
- ½ CIPOLLA
- 3 CUCCHIAI DI OLIO EXTRAVERGINE DI OLIVA
- FARINA Q.B.
- ¼ DI BICCHIERE DI VINO BIANCO
- 400 G CIRCA DI PASSATA DI POMODORO

1 In una ciotola raccogliamo la carne macinata, una bella presa di sale, l'uovo, il parmigiano e il prezzemolo tritato. Impastiamo con le mani.

2 Aggiungiamo il latte e il pangrattato, poco alla volta, fino a ottenere un composto omogeneo che non si attacca più alle mani. Se serve, incorporiamo ancora un po' di pangrattato.

3 Diamo la forma arrotondata alle polpette e le sistemiamo in un piatto.

4 In un tegame facciamo rosolare la cipolla affettata sottile con l'olio.

5 Passiamo le polpette nella farina e le mettiamo in padella a rosolare. Sfumiamo con un po' di vino bianco e quando è evaporato aggiungiamo la passata di pomodoro. Mettiamo il coperchio e lasciamo cuocere per una ventina di minuti, mescolando di tanto in tanto. Durante la cottura il sugo si addensa e le polpette risulteranno ancora più saporite. È un piatto che va rigorosamente accompagnato con il pane!

Il macinato misto ideale è quello che comprende carne magra e grassa. Generalmente è un mix di manzo e suino in parti uguali. Oppure possiamo scegliere una proporzione di 80% di manzo magro e 20% di suino per una versione più leggera.

BOCCONCINI DI POLLO ALLA MEDITERRANEA

4 PERSONE

ingredienti

- 3 CUCCHIAI DI OLIO EXTRAVERGINE DI OLIVA
- ½ CIPOLLA
- ½ CAROTA
- 500 G DI BOCCONCINI DI POLLO
- ½ BICCHIERE DI VINO BIANCO
- ½ BICCHIERE DI ACQUA
- PEPERONI, ZUCCHINE, POMODORINI O ALTRE VERDURE
- SALE
- 1 RAMETTO DI ROSMARINO

1 Versiamo un po' di olio in una padella. Aggiungiamo anche la cipolla tritata e la carota a dadini. Lasciamo soffriggere, mischiando di tanto in tanto.

2 Aggiungiamo i bocconcini di pollo e facciamo rosolare, mescolando, per un paio di minuti. Quindi versiamo il vino bianco e l'acqua. Lasciamo cuocere con il coperchio per 4-5 minuti, girando ogni tanto.

3 Ora possiamo aggiungere verdure a piacere. Io spesso scelgo i peperoni e le zucchine, che taglio a cubetti, e i pomodorini tagliati a metà. Regoliamo di sale e uniamo il rosmarino a pezzetti. Lasciamo cuocere per alcuni minuti con il coperchio, ricordando di mescolare di tanto in tanto. Serviamo i bocconcini caldi.

Questa ricetta è un perfetto piatto unico perché contiene carne e le verdure del nostro Mediterraneo.

ZUCCHINE RIPIENE DI CARNE

4 PERSONE

ingredienti

- 3 ZUCCHINE DELLE STESSE DIMENSIONI (600 G CIRCA)
- 300 G DI CARNE MACINATA MISTA
- 1 MAZZETTO DI PREZZEMOLO
- SALE
- 1 UOVO
- 20 G DI PARMIGIANO GRATTUGIATO
- 100 G DI PANGRATTATO
- OLIO EXTRAVERGINE DI OLIVA Q.B.
- ½ CIPOLLA
- 400 G DI PASSATA DI POMODORO

1 Mondiamo e tagliamo le zucchine in tre pezzi. Le svuotiamo della polpa con un coltello. Otterremo una specie di tubo.

2 Sminuzziamo la polpa, la versiamo in una ciotola e aggiungiamo la carne macinata. Tritiamo finemente un mazzetto di prezzemolo e lo incorporiamo al composto. Saliamo e mescoliamo per bene, quindi uniamo l'uovo e il parmigiano grattugiato. Continuiamo a mescolare aggiungendo il pangrattato poco alla volta.

3 Quando il ripieno è pronto, riempiamo le zucchine spingendo la carne con le dita, e le sistemiamo in un piatto.

4 Ora prepariamo il sugo. Versiamo un po' d'olio in una padella capiente e affettiamo la cipolla. Facciamo soffriggere e aggiungiamo la passata di pomodoro e un po' di sale. Mescoliamo per qualche minuto, poi abbassiamo la fiamma al minimo.

5 Disponiamo le zucchine ripiene nel sugo e lasciamo cuocere per circa 30 minuti con il coperchio, ricordando di girarle ogni tanto. Se serve, aggiungiamo mezzo bicchiere d'acqua in modo che il sugo rimanga liquido. Al momento di servire io aggiungerei nel piatto una bella fetta di pane casereccio!

Un secondo rustico di carne e verdure, una ricetta facile per preparare la cena in poco tempo.

PETTO DI POLLO ALLA SALVIA

4 PERSONE

ingredienti

- 500 G DI PETTO DI POLLO
- FARINA Q.B.
- 4 NOCI DI BURRO
- SALE
- SALVIA Q.B.
- ½ BICCHIERE DI VINO BIANCO
- ½ BICCHIERE DI ACQUA

1 Iniziamo tagliando a fettine il petto di pollo, poi lo infariniamo.

2 Facciamo sciogliere in una padella il burro a fuoco lento, quindi aggiungiamo le fettine di pollo infarinate. Saliamo e ricopriamo tutto con la salvia tagliata a pezzetti. Lasciamo cuocere per 2-3 minuti, quindi sfumiamo con il vino bianco. Dopo qualche minuto aggiungiamo l'acqua per evitare che il sugo si asciughi troppo.

3 Giriamo e spargiamo altre foglie di salvia a pezzetti. Lasciamo cuocere per altri 5-6 minuti. Adesso non resta che servire!

Con questa ricetta il petto di pollo rimane morbido e umido. Porteremo in tavola un piatto profumato e delicato, perfetto per i bambini.

BISCOTTI ALL'ARANCIA

25 BISCOTTI

ingredienti

- 2 UOVA
- 90 G DI ZUCCHERO A VELO
- 110 ML DI OLIO DI SEMI DI GIRASOLE
- BUCCIA GRATTUGIATA DI ½ ARANCIA
- 125 G DI FECOLA DI PATATE
- 250 G DI FARINA

per la crema all'arancia

- SUCCO DI 1 ARANCIA
- 1 CUCCHIAIO DI ZUCCHERO
- ½ CUCCHIAIO DI FECOLA DI PATATE
- QUALCHE GOCCIA DI ESSENZA DI ARANCIA

Questa volta vi insegno un trucco per dare forma ai biscotti con lo spremiagrumi. Una furbata, vero?

1 In una ciotola rompiamo le uova, aggiungiamo lo zucchero a velo, l'olio, la buccia grattugiata d'arancia e iniziamo a mescolare. Quando tutto è amalgamato, uniamo la fecola di patate e giriamo ancora.

2 Quindi incorporiamo la farina poco alla volta, mescolando fino a ottenere un impasto denso. Continuiamo a lavorare sul tavolo con le mani: alla fine la massa avrà una consistenza elastica e omogenea e non si attaccherà più alle mani.

3 Rivestiamo la placca con la carta forno.

4 Formiamo delle palline della grandezza di una noce. Ora diamo forma ai biscotti con lo spremiagrumi. Tuffiamo la punta dello spremiagrumi nella farina, poi la spingiamo delicatamente al centro di ogni pallina. Otteniamo una specie di ciambellina rigata all'interno. L'incavo della ciambellina deve essere poco profondo, poi lo riempiremo con la crema.

5 Mettiamo in forno preriscaldato a 180 °C per 20-25 minuti in modalità statica. A fine cottura i biscotti all'arancia saranno leggermente dorati in superficie.

6 Prepariamo la crema. Versiamo il succo d'arancia in un pentolino, aggiungiamo lo zucchero, la fecola e l'essenza di arancia. Mescoliamo con una frusta e portiamo sul fuoco. Lasciamo cuocere 2-3 minuti fino a che non si addensa, quindi spegniamo la fiamma.

7 Mettiamo mezzo cucchiaino di crema nell'incavo di ogni biscotto. Eccoli pronti! Biscottini fragranti con un gusto delicato e leggero!

CHEESECAKE ALL'ITALIANA

8–10 PERSONE

ingredienti

- 200 G DI ORO SAIWA
- 100 G DI BURRO

per farcire

- 3 UOVA
- 150 G DI ZUCCHERO
- 3 CUCCHIAI DI FARINA
- 300 G DI ROBIOLA
- 200 ML DI PANNA DA CUCINA
- BUCCIA GRATTUGIATA DI 1 LIMONE
- 1 BUSTINA DI VANILLINA
- TOPPING ALLA FRAGOLA

1 Versiamo i biscotti in una capiente busta di plastica per alimenti e passiamoci sopra il matterello per tritarli bene. Possiamo usare anche un robot da cucina.

2 Sciogliamo il burro a bagnomaria o al microonde e lo amalgamiamo ai biscotti tritati. Trasferiamo il composto in uno stampo di 22 cm di diametro rivestito di carta forno e con il dorso di un cucchiaio livelliamo bene. Mentre prepariamo la farcitura, lasciamo riposare la base in frigo.

3 Separiamo gli albumi dai tuorli e con le fruste elettriche montiamo a neve ferma gli albumi.

4 Uniamo ai tuorli lo zucchero, la farina, la robiola e la panna da cucina. Amalgamiamo il tutto, sempre con le fruste. Aromatizziamo la crema con la buccia di limone e la vanillina. Mischiamo molto bene.

5 Infine aggiungiamo poco alla volta gli albumi montati a neve e mescoliamo dal basso verso l'alto, così da non smontarli.

6 Trasferiamo la farcitura sulla base e mettiamo in forno statico preriscaldato a 180 °C per circa 50 minuti. Decoriamo la cheesecake con il topping alla fragola e serviamo: tiepida sarà ancora più buona!

NEW YORK CHEESECAKE AI FRUTTI DI BOSCO

8–10 PERSONE

ingredienti per la base

- 200 G DI BISCOTTI DIGESTIVE
- 100 G DI BURRO

per la crema

- 600 G DI FORMAGGIO SPALMABILE TIPO PHILADELPHIA
- 120 G DI ZUCCHERO
- SUCCO E BUCCIA GRATTUGIATA DI ½ LIMONE
- 150 G DI YOGURT GRECO
- 3 UOVA
- ½ BACCA DI VANIGLIA O 1 BUSTINA DI VANILLINA

per decorare

- 200 G DI FRUTTI DI BOSCO
- 2 CUCCHIAI DI ZUCCHERO
- 1 CUCCHIAIO DI SUCCO DI LIMONE

1 Per prima cosa prepariamo la base. Frantumiamo i biscotti con un matterello dentro un sacchetto e sciogliamo il burro. Riuniamoli in una ciotola e mescoliamo.

2 Foderiamo con carta forno la base di una tortiera apribile di 20 cm di diametro (se è più grande, la torta verrà solo più bassa) e stendiamo il composto. Premiamo bene per compattare. Mettiamo in frigo per almeno 15 minuti.

3 Ora prepariamo la crema. La cheesecake americana originale prevede l'uso della panna acida, ma in Italia non è facile trovarla; la possiamo sostituire con lo yogurt greco. In una ciotola capiente versiamo il formaggio spalmabile e lo zucchero e iniziamo a mescolare. Grattugiamo un po' di buccia e aggiungiamo il succo di limone. Uniamo lo yogurt e le uova, quindi l'interno della bacca di vaniglia. Mescoliamo con lo sbattitore elettrico per qualche minuto in modo che gli ingredienti siano perfettamente amalgamati e il composto risulti liscio.

4 Versiamo l'impasto sulla base e livelliamo la superficie con un cucchiaio. Inforniamo e lasciamo cuocere a 180 °C per 50 minuti, sforniamo e lasciamo raffreddare. Togliamo dallo stampo e sistemiamo su un piatto.

5 La torta è molto morbida, quindi facciamo attenzione! Se si spacca durante il raffreddamento non preoccupiamoci, perché la copriremo con la salsa ai frutti di bosco.

6 Prepariamo la decorazione. In un pentolino facciamo cuocere i frutti di bosco con lo zucchero e il limone. Io ho usato quelli surgelati, quindi li ho cotti qualche minuto in più. Otteniamo una salsa con qualche frutto intero che versiamo sulla superficie della torta!

CROSTATA DI PESCHE E AMARETTI

8–10 PERSONE

ingredienti
per la crema

- 500 ML DI LATTE
- BUCCIA DI LIMONE
- 2 UOVA
- 75 G DI ZUCCHERO
- 25 G DI AMIDO DI MAIS
- 8–10 PESCHE SCIROPPATE
- 8–10 AMARETTI

per la pasta frolla

- 3 UOVA
- 150 G DI ZUCCHERO
- 150 ML DI OLIO DI SEMI DI GIRASOLE
- ½ BUSTINA DI LIEVITO PER DOLCI (8 G)
- 500 G CIRCA DI FARINA

per decorare

- ZUCCHERO A VELO Q.B.

1 Per prima cosa prepariamo la crema. In un pentolino versiamo il latte, aggiungiamo un pezzo di buccia di limone e portiamo sul fuoco.

2 In una pentola a parte rompiamo le uova, uniamo lo zucchero e l'amido di mais e mescoliamo bene con una frusta. Quando il latte è caldo, togliamo la buccia di limone e aggiungiamo a filo al composto, sempre mescolando.

3 Riportiamo tutto sul fuoco fino a che la crema non diventa densa. Dobbiamo girare in continuazione perché

Ecco una crostata alla crema con ripieno a sorpresa.
Sfruttiamo la forma delle pesche sciroppate per creare un bel fiore!

non si attacchi. Quando è pronta, spegniamo il fuoco e copriamo la pentola con la pellicola per evitare che sulla crema si formi la crosticina.

4 Ora pensiamo alla pasta frolla senza burro. In una ciotola rompiamo le uova, aggiungiamo lo zucchero, l'olio e il lievito. Iniziamo a mescolare e a incorporare la farina poco alla volta. Impastiamo sul tavolo finché il composto non è bello liscio e non si attacca più alle dita.

5 Oliamo e infariniamo uno stampo di 26-28 cm di diametro.

6 Dividiamo in due parti l'impasto. Infariniamo un foglio di carta forno e stendiamo un disco di pasta frolla usando il matterello. Rovesciamo il foglio sulla tortiera e facciamo aderire bene la pasta alla base e ai bordi. Rimuoviamo delicatamente la carta forno. Con un coltello eliminiamo la pasta che fuoriesce dalla tortiera.

7 Adesso realizziamo la nostra crostata a forma di fiore! Versiamo tutta la crema sulla base e livelliamo con il cucchiaio. Sistemiamo un amaretto nella cavità di ogni mezza pesca al posto del nocciolo. Disponiamo in cerchio nella tortiera tutte le pesche con gli amaretti rivolti verso il basso; mettiamo una pesca al centro.

8 Stendiamo la rimanente pasta e la sistemiamo sulla torta, lasciando che segua la forma delle pesche. Quindi tagliamo con un coltello la pasta in eccesso. Con il manico di un cucchiaio premiamo i bordi per sigillare la crostata.

9 Cuociamo per 40-45 minuti a 180 °C in forno statico preriscaldato. Spolveriamo di zucchero a velo e lasciamo raffreddare qualche minuto prima di servire.

GELATO BISCOTTO

RICETTA FURBA

27 GELATI

ingredienti

- 500 ML DI PANNA ZUCCHERATA DA MONTARE
- 125 G DI ZUCCHERO VANIGLIATO
- 2 UOVA
- TOPPING ALL'AMARENA
- 1 CUCCHIAIO DI CACAO AMARO
- 18 BISCOTTI SECCHI
- LATTE Q.B.

1 In una ciotola capiente montiamo la panna ben ferma. Aggiungiamo lo zucchero vanigliato, poi rompiamo le uova e frulliamo per amalgamare. Questa è la base del nostro gelato fatto in casa.

2 Per ottenere i diversi gusti dividiamo la crema in tre parti uguali in altrettante ciotole. Una parte la lasciamo bianca, al naturale. Nella seconda aggiungiamo il topping all'amarena con dosi a piacere. Nella terza ciotola aggiungiamo un cucchiaio di cacao amaro.

3 Ora prendiamo tre teglie di alluminio da 4 porzioni ciascuna (22x17 cm). Bagniamo a uno a uno i biscotti secchi nel latte, velocemente, senza farli inzuppare. Quindi formiamo il primo strato sulla teglia, posizionando i biscotti rovesciati con la scritta verso il basso; dovremmo disporre 9 biscotti sulla base.

4 Versiamo le creme una per teglia: bianca, all'amarena e al cacao. Livelliamo con la spatola e formiamo la copertura con altri 9 biscotti bagnati nel latte.

5 Infiliamo le teglie nei sacchetti per congelare, senza bisogno di chiuderli. Mettiamo in freezer per almeno 4 ore. All'occorrenza tiriamo fuori la teglia, aspettiamo qualche istante e tagliamo con un coltello affilato in corrispondenza dei margini dei biscotti. Ogni volta possiamo tagliare i biscotti che servono e rimettere il resto in freezer.

Questi mini gelati che si preparano senza gelatiera sono perfetti per grandi e bambini: sono piccole porzioni per coccolarci a merenda o dopo i pasti.

CHEESECAKE MENTA E CIOCCOLATO

10–12 PERSONE

ingredienti per la base

- 200 G DI BISCOTTI SECCHI
- 2 CUCCHIAI DI CACAO AMARO (25 G)
- 120 G DI BURRO

per la crema

- 10 G DI GELATINA IN FOGLI
- 250 G DI MASCARPONE
- 450 G DI PANNA FRESCA NON ZUCCHERATA
- 300 G DI SCIROPPO DI MENTA

per decorare

- 50 G DI CIOCCOLATO FONDENTE
- 50 ML DI LATTE

Lo sciroppo alla menta mescolato con la panna regala un gusto fresco e un bel colore verde pastello!

1 Sbricioliamo i biscotti secchi in un frullatore, aggiungiamo il cacao amaro e frulliamo ancora. Raccogliamo tutto in una ciotola e uniamo il burro fuso mescolando bene.

2 Scegliamo una tortiera apribile di 22 cm di diametro, ricopriamo il fondo con carta forno e distribuiamo i biscotti sbriciolati. Con un cucchiaio compattiamo e livelliamo. Mettiamo in frigo per 15 minuti.

3 Mettiamo a bagno la gelatina in acqua fredda.

4 In una ciotola riuniamo il mascarpone e la panna fresca, e montiamo con lo sbattitore elettrico. Quindi versiamo lo sciroppo di menta e frulliamo ancora.

5 Strizziamo la gelatina e la mettiamo in un pentolino con 2 cucchiaini di acqua, portiamo sul fuoco e mescoliamo fino a che non si scioglie. Uniamo alla crema e frulliamo ancora per incorporare.

6 Versiamo la crema alla menta sulla base. Livelliamo bene con una spatola e mettiamo in frigo per 3 ore a solidificare.

7 Spezzettiamo il cioccolato fondente e lo mettiamo in un pentolino insieme al latte. Portiamo sul fuoco e mescoliamo fino a che non si sarà sciolto.

8 Togliamo la tortiera dal frigo e la apriamo con delicatezza; per essere sicuri che la torta si mantenga integra possiamo prima passare la punta di un coltello tra la cheesecake e i bordi della tortiera per staccarla. Quindi apriamo la cerniera.

9 Sistemiamo la cheesecake sul piatto e decoriamo la superficie con cioccolato fondente a piacere.

FINTO DIPLOMATICO

8–10 PERSONE

ingredienti

- 1 LITRO DI LATTE
- BUCCIA DI 1 LIMONE
- 4 UOVA
- 170 G DI ZUCCHERO
- 140 G DI FARINA
- CRACKER NON SALATI IN SUPERFICIE (CIRCA 20)
- ACQUA Q.B.
- LIQUORE ALCHERMES Q.B.
- BISCOTTI TIPO SAVOIARDI (CIRCA 20)
- ZUCCHERO A VELO Q.B.

1 Prima di tutto prepariamo la crema. In un pentolino versiamo il latte, aggiungiamo la buccia di limone e portiamo sul fuoco.

2 In un'altra pentola rompiamo le uova, sbattiamo con una frusta, poi uniamo lo zucchero e la farina a poco a poco per evitare che si formino grumi.

3 Quando il latte è ben caldo, spegniamo ed eliminiamo la buccia di limone; lo aggiungiamo a filo nella pentola con le uova, lentamente e continuando a mescolare.

4 Riportiamo tutto sul fuoco, mischiamo con la frusta tenendo la fiamma media e vedremo la crema addensarsi entro un paio di minuti. A quel punto spegniamo.

5 Adesso viene la parte divertente: dobbiamo assemblare il nostro finto diplomatico. Mi raccomando: deve sembrare vero, altrimenti che gusto c'è?! Prendiamo un vassoio o un piatto rettangolare. Con queste dosi io ne ho scelto uno di 35x25 cm.

6 Disponiamo sulla base un solo strato di cracker, versiamo sopra un bel po' di crema e spalmiamo, cercando di mantenere la forma rettangolare.

7 In una ciotola prepariamo una bagna con acqua e alchermes. Passiamo i biscotti a uno a uno nella bagna e li disponiamo sopra la crema.

8 Ora versiamo la crema rimanente e spalmiamo bene. Disponiamo un altro strato di cracker e trasferiamo in frigo per 2 ore. Spolveriamo infine abbondantemente di zucchero a velo ed ecco pronto il nostro dolce!

9 È già perfetto da portare in tavola, ma possiamo renderlo ancora più raffinato tagliandolo a quadrotti. I cracker si saranno leggermente ammorbiditi e la loro forma è perfetta per guidarci nel taglio. Otterremo delle mini diplomatiche da servire in pirottini in porzioni singole, proprio come si trovano in pasticceria!

GELATO FURBO

RICETTA FURBA

7–8 PERSONE

ingredienti

- 500 ML DI PANNA FRESCA DA MONTARE
- 300–350 G DI LATTE CONDENSATO
- 2 CUCCHIAI DI CACAO
- CIOCCOLATO IN SCAGLIE Q.B.
- TOPPING ALL'AMARENA Q.B.
- AMARENE SCIROPPATE Q.B.

1 In una ciotola capiente versiamo la panna fresca non zuccherata e la montiamo ben ferma con uno sbattitore elettrico.

2 Aggiungiamo il latte condensato e continuiamo a frullare per amalgamare completamente. Ecco pronto il gelato fiordilatte, la nostra base per il gelato furbo!

3 Prendiamo un barattolo da mezzo chilo e versiamo metà gelato. A quello rimasto aggiungiamo il cacao in polvere e frulliamo. Mettiamo il nostro gelato al cioccolato in un altro vasetto da mezzo chilo.

4 Vi suggerisco altri due gusti: metà fiordilatte, mentre nell'altra metà incorporiamo il cioccolato in scaglie. Ed ecco la stracciatella!

5 Vi piace l'amarena? Fate così: aggiungete al gelato il topping all'amarena, mescolate bene e sistemate nel barattolino. Sopra decorate con amarene sciroppate.

6 Una volta preparati i vasetti, mettiamo il gelato furbo in freezer per 4 ore prima di servire.

Questi sono i miei gusti preferiti, ma le varianti sono davvero tante. Al gelato potete aggiungere farina di cocco, granella di nocciole, crema di nocciole, crema al pistacchio, biscotti sbriciolati, cioccolato bianco in scaglie e tanti altri ingredienti.

GELATO ALLA NUTELLA

RICETTA FURBA

10 GELATI

ingredienti

- 300 G DI LATTE CONDENSATO
- 200 G DI NUTELLA O CREMA ALLA NOCCIOLA
- 500 ML DI PANNA FRESCA NON ZUCCHERATA

1 In una ciotola versiamo il latte condensato e la Nutella. Mescoliamo bene con un cucchiaio per rendere la crema omogenea.

2 In una ciotola capiente montiamo la panna fresca con le fruste elettriche fino a renderla cremosa. Ora la incorporiamo al composto con la Nutella, aggiungendo un paio di cucchiai alla volta e mescolando bene. L'impasto è semplicissimo, ma il segreto di questo gelato è la forma!

3 Se vogliamo una forma rotonda prendiamo un tubo di cartone, di quelli usati per le patatine, oppure il tetrapak del latte o dei succhi di frutta per una forma rettangolare. Tagliamo la parte superiore e versiamo il gelato dentro il contenitore. Scuotiamo un po' (tenendo dritto il contenitore) per eliminare eventuali bolle d'aria. Mettiamo in freezer per almeno 12 ore. A questo punto non resta che aspettare di avere voglia di gelato... e creare tre forme diverse.

Quando ero bambina due pomeriggi la settimana frequentavo una sorta di doposcuola. Mentre i maschietti seguivano il laboratorio del legno, noi bambine andavamo dalle suore a imparare a ricamare. Ricordo che tra un'Ave Maria e un punto croce, mi distraevo pensando al gelato che mi aspettava! Fuori, nello spaccio del paese, c'era un distributore automatico: per avere il gelato bastava inserire una moneta e abbassare la leva. C'erano solo tre gusti: vaniglia, fragola e cioccolato, ma erano già abbastanza per mettermi in difficoltà, e con solo una moneta non sapevo mai quale scegliere!

Ecco tre idee per servire il gelato.

1 Dessert. Togliamo dal freezer il contenitore. Con un coltello affilato tagliamo una fetta, cartone e tutto. Appoggiamo su un piattino e spingiamo delicatamente il gelato fuori dal contenitore. Possiamo guarnire con del topping al cioccolato e con una spolverata di granella di nocciole. È davvero un dessert goloso!

2 Biscotto. Tagliamo una fetta. Posizioniamo due biscotti (per esempio, tipo Digestive) uno sotto e uno sopra alla fetta di gelato e spingiamo delicatamente per farlo uscire dal contenitore. Ecco un bel biscotto gelato alla Nutella!

3 Stecco. Con la punta di un coltello facciamo un buco sul cartone, largo quanto basta per poterci infilare uno stecco di legno. Inseriamo lo stecco e tagliamo la fetta. Ora con le forbici tagliamo il cartone del contenitore su due lati, in modo da poter eliminare il cartone facilmente. Per dare un tocco in più lo passiamo nella granella di nocciole da tutti i lati e il nostro gelato alla Nutella è diventato un croccante!

TUBO
delle

MATTONCINO DOLCE

RICETTA FURBA

4-6 PERSONE

ingredienti

- 250 G DI MASCARPONE
- 3 CUCCHIAI DI CREMA ALLA NOCCIOLA TIPO NUTELLA
- 24 BISCOTTI SECCHI TIPO ORO SAIWA
- CAFFÈ A PIACERE PER LA BAGNA
- LIQUORE AL CAFFÈ (FACOLTATIVO)
- GRANELLA DI NOCCIOLE Q.B.

Un dessert raffinato ed elegante con pochissimi ingredienti. Una sorpresa super per i vostri ospiti!

1 In una ciotola versiamo il mascarpone, aggiungiamo la crema alla nocciola e mescoliamo bene.

2 Adesso spalmiamo un lato di ogni biscotto con la crema e lo uniamo a un altro. Formiamo così 10-12 coppie di biscotti.

3 In una ciotola versiamo il caffè e aggiungiamo un po' di liquore (se vi piace); mescoliamo bene.

4 Ora immergiamo nel caffè un doppio biscotto alla crema da tutti i lati, stendiamo un po' della crema e lo facciamo aderire a un altro doppio biscotto, anch'esso inzuppato nel caffè.

5 Adesso abbiamo un bel biscottone quadruplo, spalmiamo altra crema e lo appoggiamo sul piatto in modo che la crema sia a vista.

6 Ripetiamo la stessa operazione con gli altri doppi biscotti; li disponiamo sul piatto, attaccati gli uni agli altri. In pratica, dobbiamo fare un trenino di biscotti!

7 Procediamo così fino a esaurimento. Quando abbiamo fatto aderire anche l'ultimo, spalmiamo tutta la crema rimasta con la spatola sopra e intorno al dolce, che sarà un bel rettangolo compatto. Ripuliamo un po' i bordi del piatto, se lo abbiamo sporcato.

8 Ora il tocco finale: spargiamo la granella di nocciole sopra il mattoncino. Ed eccolo pronto!

9 Mettiamolo in freezer per un'ora, dopodiché possiamo assaggiare. Tagliamo il dolce in diagonale: in questo modo avremo delle fettine con le strisce di crema e di biscotto per un effetto decorativo strepitoso!

6

RICETTA FURBA

TORTA GELATO VANIGLIA-CIOCCOLATO

10–12 PERSONE

ingredienti

- 750 ML DI PANNA DA MONTARE ZUCCHERATA
- 200 G DI ZUCCHERO A VELO VANIGLIATO
- 3 UOVA
- 2 CUCCHIAI DI CACAO AMARO
- 12 SAVOIARDI
- 3 CUCCHIAI DI RUM
- 1 BICCHIERE DI ACQUA
- CIOCCOLATO IN SCAGLIE Q.B.
- GRANELLA DI NOCCIOLE Q.B.
- 10–12 CILIEGIE CANDITE

1 In una ciotola capiente montiamo la panna fredda con lo sbattitore elettrico, quindi incorporiamo lo zucchero, in più riprese. Continuiamo a frullare, poi aggiungiamo le uova, uno alla volta.

2 Versiamo un terzo della crema in una ciotola, aggiungiamo il cacao in polvere e mescoliamo.

3 Scegliamo una tortiera apribile di 24 cm di diametro e rivestiamo il fondo con un disco di carta forno. Sulla base sistemiamo i savoiardi dopo averli inzuppati nella bagna al rum, che si prepara semplicemente allungando il liquore con acqua. Se non vogliamo usare liquore, possiamo sostituirlo con il latte.

4 Versiamo metà della crema alla vaniglia sui savoiardi per un primo strato. Distribuiamo le scaglie di cioccolato, poi uno strato di crema al cioccolato e ancora scaglie. Terminiamo con un ultimo strato di crema alla vaniglia, ma teniamone un po' da parte per la decorazione.

5 Spargiamo granella di nocciole lungo il bordo esterno della torta e al centro. Con la crema rimasta riempiamo la sac à poche e distribuiamo dei ciuffetti di panna sopra la granella. Quindi decoriamo con le ciliegie candite.

6 Mettiamo la torta gelato in freezer per 6-8 ore. Ricordiamoci di toglierla dal frigo qualche minuto prima di servire.

Questa è la torta gelato che compravamo quando ero bambina. Assaggiarla ora mi ha riportato indietro nel tempo. Così ho voluto replicarla, anche nella decorazione.

ROTOLO AL LIMONE

10–12 PERSONE

ingredienti per la pasta biscotto

- 5 UOVA
- SALE
- 90 ML DI ZUCCHERO
- 50 G DI AMIDO DI MAIS
- 90 ML DI OLIO DI SEMI DI GIRASOLE
- BUCCIA GRATTUGIATA DI ½ LIMONE

per la crema al limone

- 100 G DI ZUCCHERO
- 20 G DI AMIDO DI MAIS
- 150 ML DI SUCCO DI LIMONE
- 150 ML DI SUCCO DI ARANCIA
- 500 ML DI PANNA ZUCCHERATA
- 1 FIALETTA DI AROMA LIMONE
- FETTINE DI LIMONE E ZUCCHERO PER GUARNIRE

1 Partiamo con la pasta biscotto. Separiamo i tuorli dagli albumi e raccogliamo questi ultimi in una ciotola capiente. Aggiungiamo un pizzico di sale e li montiamo a neve ferma, quindi uniamo lo zucchero e frulliamo per bene.

2 Incorporiamo i tuorli con una frusta, uno alla volta. Aggiungiamo l'amido di mais setacciato, poi l'olio e la buccia grattugiata di limone.

3 Prepariamo la placca foderata con carta forno (la mia è di 35x35 cm), versiamo l'impasto e livelliamo con una spatola. Mettiamo in forno preriscaldato statico a 180 °C per 15-20 minuti.

4 Nel frattempo prepariamo la crema. In un pentolino versiamo lo zucchero e l'amido di mais, mescoliamo con una frusta e aggiungiamo il succo di limone e quello di arancia e mettiamo sul fuoco. Mescoliamo fino a quando raggiunge il bollore, poi spegniamo.

5 Sforniamo la pasta biscotto e la spostiamo dalla placca a una griglia; lasciamo raffreddare crema e biscotto per 15 minuti.

6 Rimuoviamo la carta forno di cottura e stendiamone un'altra su cui mettiamo la base.

Un dessert goloso e dall'aspetto elegante! Con questo procedimento avrete un dolce perfetto come in pasticceria!

7 In una ciotola versiamo la panna zuccherata fredda, la montiamo ben ferma con l'aroma limone, e la aggiungiamo alla crema preparata precedentemente e completamente fredda. Frulliamo per incorporarla. Versiamo metà di questa crema sulla pasta biscotto e con una spatola la livelliamo per bene. Ora arrotoliamo con delicatezza.

8 È il momento di decorare! Ricopriamo tutto il rotolo con il resto della crema aiutandoci con la spatola. Infine con la sac à poche decoriamo con dei ciuffetti. Tagliamo le fettine di limone in 4 spicchi, che passiamo in un po' di zucchero, e completiamo la guarnizione. Facciamo riposare in frigo 2 ore prima di servire.

Per presentare il rotolo come nella foto,
prima di decorarlo rifiliamo le estremità con un coltello.
La parte eliminata sarà il primo assaggio!

TORTA FREDDA YOGURT E MELONE

10–12 PERSONE

ingredienti

- 1 MELONE DOLCE E SAPORITO DI 1,5 KG CIRCA
- 18 G DI GELATINA IN FOGLI
- 12 SAVOIARDI
- 400 ML DI PANNA ZUCCHERATA DA MONTARE
- 500 G DI YOGURT CREMOSO BIANCO

per la bagna

- ACQUA ZUCCHERATA O BAGNA ALCOLICA CON LIQUORE AL MELONE

per la gelatina

- 125 ML DI ACQUA
- 8 G DI AMIDO DI MAIS
- 50 G DI ZUCCHERO

Questa torta alla frutta si conserva in frigo per 2-3 giorni... se riuscite a resistere!

1 Tagliamo il melone a metà, lo puliamo completamente e ne teniamo da parte una metà. L'altra metà la riduciamo a pezzetti e la frulliamo.

2 Mettiamo in ammollo la gelatina in acqua fredda.

3 Appoggiamo sopra un piatto tondo il cerchio di uno stampo a cerniera di 24 cm di diametro, inzuppiamo leggermente i savoiardi nella bagna e li sistemiamo a formare la base della torta.

4 In una ciotola capiente versiamo la panna e la montiamo fermissima, quindi uniamo lo yogurt bianco e la purea di melone frullata. Mescoliamo bene.

5 Strizziamo i fogli di gelatina e li facciamo sciogliere sul fuoco in un pentolino con 4 cucchiaini di acqua. Versiamo sulla crema al melone e frulliamo ancora per amalgamare. Rovesciamo la crema sulla base di savoiardi. Mettiamo la torta in freezer per 2 ore oppure in frigorifero per 4 ore.

6 Ora prendiamo la metà del melone tenuta da parte e la tagliamo a fettine sottili. Sistemiamo le fette sopra la torta in cerchi concentrici a formare un fiore.

7 Possiamo anche preparare la gelatina fatta in casa che serve a lucidare la torta. Facciamo così: mescoliamo l'acqua, l'amido di mais e lo zucchero e facciamo addensare sul fuoco, sempre mescolando. Ricopriamo tutta la superficie della torta e mettiamo 15 minuti in frigo.

8 La torta fredda dal sapore d'estate è pronta per essere gustata, perciò con un coltello separiamo delicatamente la torta dal bordo della tortiera, infine apriamo la cerniera e solleviamo!

TORTA CAPRESE AL CIOCCOLATO

8–10 PERSONE

ingredienti

- 250 G DI MANDORLE PELATE
- 6 UOVA
- SALE
- 250 G DI ZUCCHERO
- 60 G DI CACAO AMARO
- 250 G DI BURRO
- 1 BICCHIERINO DI RUM
- ½ BUSTINA DI LIEVITO PER DOLCI (8 G)
- AMIDO DI MAIS Q.B.

per decorare

- ZUCCHERO A VELO Q.B.

Questo dolce a base di cioccolato e mandorle è tipico della Campania. La sua particolarità è che non contiene farina nell'impasto e per questo risulta molto morbido.

1 Sminuzziamo le mandorle con il frullatore.

2 Separiamo gli albumi dai tuorli. Con uno sbattitore elettrico montiamo a neve ferma gli albumi insieme a un pizzico di sale.

3 Frulliamo i tuorli con lo zucchero fino a che il composto non sarà chiaro e spumoso. Continuiamo a frullare mentre incorporiamo il cacao amaro, il burro sciolto, il rum e infine il lievito.

4 Adesso possiamo unire le mandorle tritate e mescolare con un cucchiaio.

5 Incorporiamo poco per volta gli albumi montati a neve, mescolando delicatamente con un cucchiaio.

6 Scegliamo una tortiera di 26 cm di diametro e la ungiamo d'olio, quindi la cospargiamo di amido di mais. Versiamo l'impasto nella tortiera e mettiamo in forno statico preriscaldato a 180 °C. Lasciamo cuocere per circa 40 minuti. Una volta raffreddata, la togliamo dalla tortiera e la sistemiamo su un vassoio.

7 La torta caprese prevede una semplice decorazione con zucchero a velo. Per disegnare dei fiorellini sulla superficie possiamo usare alcune mandorle, bagnarle in acqua e disporle come petali. Spolveriamo di zucchero a velo, quindi le togliamo.

8 È arrivato il momento dell'assaggio! La parte esterna risulta leggermente croccante, mentre il cuore della torta è umido e morbido, perfetto abbinamento con la croccantezza delle mandorle!

STRUDEL DI PESCHE

RICETTA FURBA

6–8 PERSONE

ingredienti

- 100 G DI UVETTA
- 2 PESCHE MATURE E DOLCI
- 20 G DI PINOLI
- SUCCO DI ½ LIMONE
- 2 CUCCHIAI DI ZUCCHERO
- CANNELLA IN POLVERE Q.B.
- 1 NOCE DI BURRO
- 3 CUCCHIAI DI PANGRATTATO
- 1 CONFEZIONE DI PASTA SFOGLIA RETTANGOLARE
- 1 CUCCHIAIO DI CONFETTURA A PIACERE

per decorare

- ZUCCHERO A VELO Q.B.
- FETTE DI PESCA Q.B.

1 Per prima cosa mettiamo in ammollo l'uvetta in acqua fredda. In una ciotola tagliamo a pezzetti le pesche, aggiungiamo i pinoli, strizziamo e uniamo l'uvetta; poi aggiungiamo il succo di limone, lo zucchero e la cannella in polvere, mescoliamo tutto e teniamo da parte.

2 In una padella scaldiamo un pezzetto di burro e facciamo tostare il pangrattato mescolando in continuazione.

3 Al centro della pasta sfoglia pronta stendiamo un po' di confettura, quindi cospargiamo il pangrattato tostato e il ripieno alle pesche che abbiamo preparato. Richiudiamo la sfoglia su se stessa, prima un lato, poi l'altro, aiutandoci con la carta.

4 Mettiamo lo strudel sulla placca foderata con carta forno e trasferiamo in forno statico a 200 °C per 40 minuti. È pronto quando è ben dorato in superficie.

5 Una volta sfornato, accomodiamo lo strudel su un piatto, spolveriamo di zucchero a velo e lasciamo raffreddare completamente. Possiamo guarnire il piatto con alcune fettine di pesca ed ecco pronto il nostro strudel estivo da portare in tavola!

TORTA FREDDA COCCOCIOCCO

10–12 PERSONE

ingredienti per la crema al cocco

- 2 CUCCHIAI DI AMIDO DI MAIS
- 300 ML DI ACQUA
- 2 CUCCHIAI DI ZUCCHERO
- 3 CUCCHIAI DI FARINA DI COCCO
- 8 G DI GELATINA IN FOGLI
- 250 ML DI PANNA FRESCA
- 3 VASETTI DI YOGURT AL COCCO (375 G CIRCA)

per la base

- 200 G DI FROLLINI AL CACAO
- 100 G DI BURRO FUSO

per decorare

- FARINA DI COCCO Q.B.
- CIOCCOLATO FONDENTE Q.B.

1 Iniziamo a preparare la crema. In un pentolino versiamo l'amido di mais, aggiungiamo l'acqua e mescoliamo per farlo sciogliere. Quindi uniamo lo zucchero e la farina di cocco e mescoliamo ancora con una frusta. Portiamo sul fuoco e facciamo addensare, sempre mischiando; ci vorranno circa 4 minuti. Spegniamo il fuoco e lasciamo raffreddare.

2 Sbricioliamo completamente i frollini al cacao. Possiamo metterli in una busta di plastica e passarci sopra il matterello fino a che non si riducono in polvere.

3 Quindi versiamo la polvere di biscotti in una ciotola e aggiungiamo il burro fuso; mescoliamo con un cucchiaio per amalgamare.

4 Scegliamo una tortiera di 23 cm di diametro con cerniera apribile. Foderiamo il fondo con carta forno. Distribuiamo il composto di burro e biscotti e lo accomodiamo bene con un cucchiaio per ottenere una base compatta. Mettiamo la tortiera in frigorifero per 15 minuti.

5 Nel frattempo facciamo ammorbidire in acqua fredda la gelatina in fogli.

6 Prendiamo una ciotola capiente e montiamo la panna fresca fino a che non è ben ferma. Poi aggiungiamo lo yogurt e il composto che avevamo fatto addensare sul fuoco. Amalgamiamo il tutto con un cucchiaio.

7 Riprendiamo la gelatina, la mettiamo in un pentolino con un po' d'acqua e la portiamo sul fuoco, girando appena qualche istante finché non si è sciolta e poi la aggiungiamo al composto, mescolando bene. Ecco pronta la nostra crema al cocco.

8 Prendiamo lo stampo dal frigorifero e versiamo la crema. Sbattiamo un po' la tortiera per eliminare le eventuali bolle d'aria e mettiamo in freezer per un'ora o in frigo per 3 ore.

9 Togliamo la torta dal frigo e apriamo delicatamente la tortiera. Posiamo su un piatto e iniziamo a guarnire.

10 Ho pensato di creare una decorazione geometrica con dei settori triangolari facendo uno stencil con la carta forno. Ritagliamo un foglio quadrato e lo pieghiamo in due, poi di nuovo in due per ottenere un quadrato più piccolo. Poi pieghiamo il quadrato in diagonale per ottenere un triangolo. Se c'è della carta in eccesso perché il quadrato non era perfetto, regoliamo con le forbici. Quindi apriamo il foglio: abbiamo ottenuto un quadrato con la carta segnata in 8 triangoli. Ritagliamo settori triangolari alternati: otterremo una specie di girandola con 4 triangoli vuoti e 4 pieni. Appoggiamo il nostro stencil sulla superficie della torta facendo aderire bene.

11 In una ciotola mettiamo la farina di cocco, aggiungiamo 2 cucchiai di acqua e mescoliamo. A parte grattugiamo il cioccolato fondente. Distribuiamo prima il cocco sulle parti libere dello stencil, poi rimuoviamo delicatamente la carta e spolveriamo di cioccolato fondente le altre sezioni.

La torta fredda cocco e cioccolato è un dolce goloso con una decorazione di grande effetto! Quando tagliate una porzione, fate in modo che ogni fetta abbia una sezione chiara e scura.

TORTA GELATO ALL'AMARENA

10–12 PERSONE

ingredienti

- 400 G DI AMARENE SCIROPPATE
- ½ BICCHIERE DI ACQUA
- 2 CONFEZIONI DI BISCOTTI TIPO PAVESINI
- 300 G DI LATTE CONDENSATO
- 300 G DI YOGURT GRECO
- 500 ML DI PANNA FRESCA

1 Iniziamo preparando la bagna. Apriamo il barattolo delle amarene e in una ciotola mettiamo 2 cucchiai di sciroppo, cui aggiungiamo il mezzo bicchiere di acqua.

2 Scegliamo una tortiera con cerniera apribile; con queste dosi ne va bene una di 23 cm di diametro. Apriamo le due confezioni di biscotti tipo Pavesini, li inzuppiamo nella bagna e li sistemiamo a formare la base.

3 In una ciotola capiente mescoliamo il latte condensato e lo yogurt greco fino a ottenere un composto liscio.

4 In un'altra ciotola versiamo la panna fresca e la montiamo ben ferma con il frullatore. Quindi frulliamo un po' anche il composto di latte condensato e yogurt in caso siano rimasti dei grumi.

5 Ora incorporiamo le due creme un po' alla volta, mescolando con un cucchiaio. Versiamo tutto nella tortiera e sbattiamo leggermente per eliminare eventuali bolle d'aria.

6 Mettiamo da parte un po' di amarene e sciroppo. Con un cucchiaino distribuiamo il resto su tutta la superficie: le amarene andranno a fondo e lo sciroppo rimarrà in parte in superficie. Con uno stecco possiamo fare dei movimenti circolari sulla crema e creare degli *swirl*, cioè delle decorazioni a fantasia che renderanno la torta molto particolare. Verrà un dessert buono e bello da vedere!

7 Mettiamo in freezer per un'ora. Quindi riprendiamo la torta e disponiamo le amarene in cerchio sulla superficie, delicatamente perché il composto è ancora morbido. Teniamo in freezer per almeno 8 ore prima di consumare.

Togliamo dal congelatore e aspettiamo una decina di minuti prima di tagliarla a fette e decorarla con lo sciroppo delle amarene avanzato.

LIMONCINO

1 LITRO

ingredienti per 1 litro di liquore

- 5–6 LIMONI NON TRATTATI
- 500 ML DI ALCOL BUONGUSTO A 95°
- 400 G DI ZUCCHERO
- 500 ML DI ACQUA

1 Laviamo molto bene i limoni. Li sbucciamo e con un coltello cerchiamo di eliminare il più possibile la parte bianca della buccia. I limoni sbucciati ora non servono, ma possiamo metterli da parte per usarli in altre pietanze.

2 Mettiamo le bucce in un contenitore di vetro a chiusura ermetica. Versiamo l'alcol, chiudiamo il coperchio e agitiamo. Lasciamo macerare per una settimana, ricordandoci di agitare una volta al giorno.

3 Dopo la macerazione, in una pentola versiamo lo zucchero e l'acqua. Portiamo su fuoco medio e mescoliamo per far sciogliere lo zucchero (ci vorranno circa 10 minuti). Spegniamo e lasciamo raffreddare.

4 Sistemiamo sulla pentola un colino coperto da una garza di cotone. Versiamo il contenuto del barattolo che, filtrato, si unirà allo sciroppo della pentola. Le bucce vanno buttate via. Mescoliamo e siamo pronti a imbottigliare.

5 Usiamo bottiglie di vetro, le chiudiamo per bene e le lasciamo in dispensa per 2 settimane. Dopodiché siamo pronti ad assaporare il nostro limoncino! Fresco e gustoso!

Non ho molta fortuna con le piante di limone, quando iniziano a crescere e a prendere vigore arriva puntuale la gelata tardiva che brucia i germogli e a volte l'intera pianta. Anche se cerco di proteggerle con coperture, spesso non basta. Allora vado in cerca di limoni dai parenti! A casa di nonna ci sono due piante che credo si facciano spalla a vicenda perché ogni anno producono tantissimi limoni, che uso sia per preparare liquori sia marmellate.

MANDARINETTO

1 LITRO

ingredienti per 1 litro di liquore

- 10 MANDARINI NON TRATTATI
- 500 ML DI ALCOL BUONGUSTO A 95°
- 500 G DI ZUCCHERO
- 500 ML DI ACQUA

1 Come prima cosa, laviamo e asciughiamo bene i mandarini. Sbucciamoli e con un coltello cerchiamo di eliminare il più possibile la parte bianca della buccia.

2 Tagliamo la buccia a pezzettini e mettiamola in una bottiglia, aggiungiamo l'alcol e lasciamo a macerare il composto ben chiuso per 4-5 giorni.

3 Trascorso il tempo di macerazione, in una casseruola facciamo sciogliere lo zucchero con l'acqua a fuoco medio (ci vorranno circa 10 minuti). Togliamo dal fuoco e lasciamo raffreddare.

4 Uniamo il macerato allo sciroppo di zucchero, filtrandolo con un colino coperto da una garza (se avete un colino a maglie fitte, la garza non occorre). Mescoliamo bene con un cucchiaio.

5 Imbottigliamo il nostro mandarinetto e lo lasciamo riposare in un luogo asciutto per 15-20 giorni. Una volta aperta, conserviamo la bottiglia in frigo.

Benedetta
Non

BRUTTI MA BUONI

20 BISCOTTI

ingredienti

- 2 ALBUMI
- SALE
- 150 G DI ZUCCHERO
- 150 G DI GRANELLA DI NOCCIOLE

1 Prendiamo due uova a temperatura ambiente e separiamo gli albumi dai tuorli. I tuorli non servono per questa ricetta, li utilizzeremo per altri piatti.

2 Agli albumi aggiungiamo un pizzico di sale e montiamo a neve ferma con uno sbattitore elettrico. Quindi incorporiamo lo zucchero un po' per volta, continuando a frullare.

3 Uniamo la granella di nocciole in più riprese e mescoliamo delicatamente con un cucchiaio.

4 Versiamo il composto in un pentolino e lo portiamo sul fuoco a fiamma bassa. Lasciamo cuocere per 10-12 minuti sempre mescolando, vedremo che diventa più scuro.

5 Prepariamo la placca rivestita con la carta forno e disponiamo i biscotti aiutandoci con un cucchiaio. Avremo delle palline irregolari, ma è proprio questa la loro forma caratteristica! Non dobbiamo essere precisi, però cerchiamo di farli più o meno della stessa dimensione.

6 Cuociamo in forno statico preriscaldato a 150 °C per 20 minuti. Una volta pronti saranno belli dorati e leggermente spaccati in superficie. Sistemiamoli in un cestino e lasciamo raffreddare. Assaggiamo e gustiamoli in tutta la loro croccantezza!

Questi dolci tradizionali alle nocciole si possono preparare anche con le mandorle. Croccanti e semplicissimi, richiedono solo quattro ingredienti. Sarà come fare le meringhe.

TORTA DELLA NONNA

8–10 PERSONE

ingredienti per la crema pasticcera

- 750 ML DI LATTE
- BUCCIA DI 1 LIMONE
- 3 UOVA
- 6 CUCCHIAI DI ZUCCHERO
- 6 CUCCHIAI DI FARINA

per la pasta frolla

- 3 UOVA
- 150 G DI ZUCCHERO
- 150 ML DI OLIO DI SEMI DI GIRASOLE
- ½ BUSTINA DI LIEVITO VANIGLIATO (8 G)
- 500 G DI FARINA

per decorare

- 40 G DI PINOLI
- ZUCCHERO A VELO Q.B.

1 Prepariamo la crema. In un pentolino versiamo il latte, aggiungiamo un po' di buccia di limone e portiamo sul fuoco.

2 Rompiamo le uova in una ciotola e mescoliamo con una frusta, poi uniamo lo zucchero; lavoriamo ancora e aggiungiamo la farina. Continuiamo a mescolare bene per evitare che si formino grumi.

3 Quando il latte è ben caldo, spegniamo il fuoco, togliamo le bucce di limone e lo uniamo al composto. Portiamo la pentola sul fuoco e mescoliamo per circa 5 minuti; spegniamo quando la crema si è addensata. Copriamo con la pellicola per evitare che si formi la crosticina. Mettiamo da parte.

4 Prepariamo una pasta frolla senza burro. In una ciotola rompiamo le uova, aggiungiamo lo zucchero e l'olio, poi il lievito. Iniziamo a mescolare e incorporiamo la farina poco per volta. L'impasto diventerà denso; quando non riusciamo più a mescolare, lo trasferiamo sul piano di lavoro e impastiamo con le mani fino a che non diventa omogeneo ed elastico e non si attacca più alle dita.

5 Prepariamo una teglia di 28 cm di diametro oliata e infarinata.

6 Dividiamo la massa in due parti, infariniamo un foglio di carta forno e con il matterello stendiamo sopra metà impasto fino a formare un disco. Sistemiamolo sulla tortiera e con un coltello togliamo i bordi di pasta in eccesso.

7 Riprendiamo la crema che abbiamo tenuto da parte, togliamo la pellicola e mescoliamo. Versiamola tutta sulla base.

8 Ora stendiamo con il matterello anche la seconda metà di pasta frolla e copriamo la crema. Con un coltello rifiliamo i bordi in eccesso e con le dita sigilliamo i bordi tutto intorno. Bucherelliamo la superficie con una forchetta.

9 Per guarnire distribuiamo i pinoli su tutta la superficie e inforniamo a 170 °C per 45 minuti in forno statico. A fine cottura lasciamo raffreddare e spolveriamo di zucchero a velo.

La crema che preparo non è la classica crema pasticcera. Infatti metto le uova intere invece di usare solo i tuorli. È un trucchetto che mi ha insegnato mia nonna. In questo modo si usano meno uova e non si spreca nulla, inoltre la crema risulta più leggera e delicata.

TORTA NOCCIOTELLA

4–6 PERSONE

ingredienti per la pasta biscotto

- 5 UOVA A TEMPERATURA AMBIENTE
- 70 G DI ZUCCHERO
- 50 G DI FARINA
- 90 ML DI OLIO DI SEMI DI GIRASOLE
- BUCCIA GRATTUGIATA DI ½ LIMONE

per farcire

- 250 G DI RICOTTA
- 250 G DI MASCARPONE
- 3 CUCCHIAI DI NUTELLA O CREMA DI NOCCIOLE

per decorare

- GRANELLA DI NOCCIOLE Q.B.
- NOCCIOLE INTERE Q.B.

1 Iniziamo separando gli albumi dai tuorli. Con lo sbattitore elettrico montiamo a neve fermissima gli albumi, aggiungendo a poco a poco lo zucchero.

2 Con una frusta uniamo i tuorli uno alla volta, mescolando il composto dal basso verso l'alto.

3 Setacciamo e incorporiamo metà farina, poi uniamo la rimanenza e mescoliamo ancora. Infine aggiungiamo l'olio e la buccia di limone.

4 Versiamo l'impasto in una teglia di 35x35 cm ricoperta con carta forno e inforniamo a 200 °C per 10-15 minuti. Una volta trascorso il tempo di cottura, togliamo la base dalla placca e lasciamo raffreddare su una griglia. Successivamente tagliamo a strisce larghe 5 cm.

5 Passiamo alla farcia. In una ciotola uniamo la ricotta, il mascarpone e la Nutella o altra crema di nocciole. Amalgamiamo tutti gli ingredienti.

6 Spalmiamo la crema sulle strisce, una alla volta. Arrotoliamo la prima striscia su se stessa.

È perfetta per l'autunno, quando le giornate diventano più fredde e le nocciole giungono a maturazione.

4

6

7 Arrotoliamo anche le altre tutte intorno a formare una grande girella. Usiamo la crema che resta per ricoprire la torta, ma ne teniamo un po' da parte per guarnire.

8 Posiamo un piattino di plastica al centro della torta e cospargiamo la granella di nocciole su tutta la parte scoperta. Solleviamo il piattino e riempiamo una sac à poche con la crema che avevamo tenuto da parte. Formiamo sulla parte più esterna della superficie dei riccioli e per finire posiamo su ognuno una nocciola intera. La torta nocciotella è pronta, non resta che assaggiarla!

Quando taglierete questa torta a fette, vedrete che sorpresa! La grande girella interna ripiena di crema stupirà tutti!

*Il successo di feste e cerimonie
passa anche dalla cucina.
C'è chi aspetta i grandi eventi
per sorprendere gli ospiti sperimentando
nuovi piatti, e chi rimane fedele
alle ricette tradizionali a ogni costo!
In ogni caso, vogliamo che tutto sia perfetto,
ma anche semplice da organizzare.*

OCCASIONI SPECIALI

FAVETTE ALLA MENTA

4 PERSONE

ingredienti

- 400 G DI FAVE FRESCHE
- 1 SPICCHIO DI AGLIO
- 10 FOGLIE DI MENTA
- 4 CUCCHIAI DI OLIO EXTRAVERGINE DI OLIVA
- 2 CUCCHIAI DI ACETO

1 Iniziamo pulendo le fave (potete usare anche quelle surgelate). Mettiamo circa un litro di acqua sul fuoco e, quando arriva a bollore, saliamo e tuffiamo le fave. Lasciamo cuocere per 15-20 minuti.

2 Intanto prepariamo il condimento. Tagliamo l'aglio a fettine e tritiamo la menta. Li riuniamo in una ciotola, aggiungiamo l'olio e giriamo. Versiamo infine l'aceto.

3 Una volta che le fave sono cotte, le scoliamo bene e le lasciamo intiepidire.

4 Poi, con l'aiuto di due cucchiai, le condiamo con la nostra salsina. Potete servire le favette alla menta sia tiepide sia fredde!

Le fave alla menta sono un piatto fresco e molto saporito, ideale da servire come contorno o anche come condimento della pasta. Una volta cotte e condite, si conservano per 2-3 giorni in frigo: rimarranno buonissime.

CAVOLFIORE CRUDO IN CARPACCIO

4 PERSONE

ingredienti

- 1 CAVOLFIORE
- SALE
- OLIO EXTRAVERGINE DI OLIVA Q.B.
- ACETO BALSAMICO Q.B.
- PEPE
- NOCI Q.B.
- PARMIGIANO IN SCAGLIE Q.B.

1 Tagliamo il cavolfiore a pezzi e poi a fette sottili. Lo raccogliamo in una ciotola e lo condiamo con il sale, l'olio e l'aceto balsamico. Mescoliamo bene.

2 Lasciamo in frigo per 2-3 ore a macerare, quindi lo sistemiamo su un piatto da portata.

3 Aggiungiamo un pizzico di pepe. Spargiamo sopra noci ridotte a pezzetti, parmigiano in scaglie e altro aceto balsamico. Ecco un gustoso piatto freddo da preparare in anticipo!

È stata un'amica a consigliarmi tanto tempo fa il cavolfiore crudo. Lei lo coltiva nel suo orto con ottimi risultati e lo prepara in tanti modi diversi. All'inizio ero un po' scettica - non l'avevo mai assaggiato crudo - ma in questa ricetta, grazie alla macerazione, si ottiene un'insalata gustosa e leggera. Ora lo preparo spesso e mi piace tantissimo!

DANUBIO SALATO

4 PERSONE

ingredienti per l'impasto

- 550 G DI FARINA (METÀ 00, METÀ MANITOBA)
- 250 ML DI LATTE
- 15 G DI LIEVITO DI BIRRA
- 20 G DI ZUCCHERO
- 70 ML DI OLIO EXTRAVERGINE DI OLIVA
- 1 UOVO
- 10 G DI SALE

per il ripieno

- 100 G DI PROSCIUTTO COTTO
- 100 G DI SPECK
- 100 G DI PROVOLA PICCANTE

per decorare

- 1 TUORLO
- SEMI DI PAPAVERO (FACOLTATIVO)

1 Per prima cosa dedichiamoci all'impasto. In una ciotola mischiamo le due farine.

2 In un'altra versiamo il latte tiepido e vi sbricioliamo il lievito di birra. Facciamo sciogliere e aggiungiamo lo zucchero, l'olio e l'uovo. Mescoliamo e iniziamo a incorporare un po' di farina, poi uniamo il sale e amalgamiamo bene.

3 Continuiamo a impastare aggiungendo la rimanente farina. Spostiamoci a lavorare sul tavolo: bisogna impastare energicamente per almeno 4-5 minuti per ottenere un composto liscio ed elastico.

4 Formiamo una palla e la mettiamo in una ciotola pulita e infarinata; pratichiamo un'incisione a croce sull'impasto e copriamo con la pellicola e un panno.

5 Lasciamo lievitare per 2 ore: alla fine l'impasto dovrà essere raddoppiato di volume. Ricominciamo quindi a lavorare per ammorbidire la pasta; bastano pochi istanti.

6 Dividiamo l'impasto in 4 parti uguali, formiamo dei filoncini e poi ricaviamo circa 20 palline del peso di 40-45 g ciascuna. Aiutiamoci con una bilancia per verificarne il peso.

7 Ungiamo e infariniamo uno stampo di 30 cm di diametro.

8 Per il ripieno prepariamo prosciutto, speck e provola tagliati a cubetti.

9 Con il matterello appiattiamo le palline per formare dei dischi, sistemiamo un po' di ripieno al centro e richiudiamo cercando di formare nuovamente la pallina.

10 Disponiamo tutte le palline nello stampo: ne mettiamo una al centro e le altre vicine l'una all'altra in cerchio. Copriamo lo stampo con la pellicola e con un panno e lasciamo lievitare per 30 minuti.

11 Spennelliamo la superficie con un po' di tuorlo e cospargiamo di semi di papavero a piacere. Cuociamo in forno statico preriscaldato a 180 °C per 35-40 minuti. Il nostro Danubio salato, così bello dorato in superficie, è proprio invitante! Perfetto da assaggiare ancora caldo!

Anche se è una torta rustica, il Danubio salato è l'ideale per il pranzo della domenica e per le feste! L'esterno è croccante, l'interno è morbidissimo e il formaggio fuso è davvero goloso.

CAVOLFIORE GRATINATO

4 PERSONE

ingredienti

- 1 CAVOLFIORE
- SALE
- 1 CUCCHIAIO DI ACETO (FACOLTATIVO)
- OLIO EXTRAVERGINE DI OLIVA Q.B.
- 100 G DI PANCETTA
- PEPE
- 400 ML DI BESCIAMELLA
- PARMIGIANO GRATTUGIATO Q.B.
- PANGRATTATO Q.B.

1 Tagliamo un cavolfiore in pezzi grandi e lo facciamo cuocere in acqua salata per 10 minuti. Per smorzare il forte odore, possiamo aggiungere nell'acqua un cucchiaio di aceto.

2 In un tegame o in una padella capiente facciamo rosolare nell'olio la pancetta a cubetti.

3 Quando il cavolfiore è pronto, lo scoliamo e lo versiamo in padella, aggiungiamo un pizzico di pepe e lo facciamo rosolare.

4 Uniamo la besciamella, mescoliamo pochi istanti e quindi spegniamo il fuoco.

5 In una pirofila da forno della misura di 20x30 cm distribuiamo il cavolfiore e ne spolveriamo la superficie di parmigiano grattugiato e pangrattato a piacere.

6 Mettiamo in forno statico preriscaldato a 200 °C per 20-25 minuti: il cavolfiore ne uscirà con una bella crosticina dorata che lo renderà croccante!

Con il cavolfiore preparo spesso una torta rustica: stendo un disco di pasta sfoglia già pronta in una tortiera. Una volta spadellato il cavolfiore con la besciamella, lo distribuisco sulla sfoglia e ne pizzico un po' i bordi. Spolvero con pangrattato e parmigiano grattugiato e inforno a 220 °C per 30-35 minuti in modalità statica... Una vera leccornia!

INSALATA DI FUNGHI CHAMPIGNON

4 PERSONE

ingredienti

- ½ KG DI FUNGHI CHAMPIGNON FRESCHI
- 1 MAZZETTO DI RUCOLA
- 1 SPICCHIO DI AGLIO
- 3 CUCCHIAI DI ACETO
- 4 CUCCHIAI DI OLIO EXTRAVERGINE DI OLIVA
- SALE

1 Come prima cosa puliamo i funghi champignon: con un coltello eliminiamo la pellicina che ricopre la cappella e il gambo pieno di terra e li passiamo con un panno pulito. Tagliamo i funghi a pezzetti.

2 Laviamo bene la rucola e con un coltello la tagliuzziamo un po'.

3 Tritiamo l'aglio molto finemente, così si amalgamerà bene al condimento.

4 In una ciotola capiente raccogliamo i funghi champignon, la rucola, l'aglio e condiamo con aceto, olio e sale. Con due cucchiai mescoliamo bene l'insalata. Possiamo preparare l'insalata di funghi all'ultimo momento, ma per gustarla al meglio lasciamola riposare già condita per 30 minuti.

L'insalata di funghi champignon è un piatto super veloce e ha il vantaggio di poter essere preparata in anticipo e conservata in frigo fino al momento di servire. Qui la propongo con i funghi champignon, ma quando è periodo possiamo usare anche i funghi porcini!

INSALATA DI FAGIOLI E TONNO

4 PERSONE

ingredienti

- 500 G DI FAGIOLI CANNELLINI SECCHI
- BICARBONATO Q.B.
- 300 G DI TONNO SOTT'OLIO IN SCATOLA
- 1 CUCCHIAIO DI ACETO
- PREZZEMOLO Q.B.
- ½ CIPOLLA ROSSA
- SALE
- 3 CUCCHIAI DI OLIO EXTRAVERGINE DI OLIVA

1 Prima di tutto: se usiamo fagioli secchi, la sera prima li mettiamo in ammollo in abbondante acqua.

2 Dopo 12 ore, li scoliamo e li cuociamo in abbondante acqua salata per 40-45 minuti; aggiungiamo nell'acqua di cottura una punta di bicarbonato, così cuoceranno prima.

3 Scoliamo i fagioli e li lasciamo raffreddare in una ciotola. Poi uniamo il tonno ben sgocciolato e l'aceto.

4 Aggiungiamo il prezzemolo tritato finemente, la cipolla a fette sottili, il sale e l'olio. Con due cucchiai mescoliamo bene gli ingredienti. E adesso godiamoci questo piatto semplice e appetitoso!

Anche questo è un piatto semplice e veloce che può essere realizzato in anticipo e conservato in frigo per qualche giorno. Se volete, potete sostituire i fagioli secchi con quelli in scatola, il risultato non cambia!

ASPARAGI AMMOLLICATI AL FORNO

4 PERSONE

ingredienti

- ½ KG DI ASPARAGI
- 1 CUCCHIAIO DI PARMIGIANO GRATTUGIATO
- 2 CUCCHIAI DI PANGRATTATO
- OLIO EXTRAVERGINE DI OLIVA Q.B.
- SALE

1 Per prima cosa, laviamo bene gli asparagi ed eliminiamo la parte più dura del gambo. Basterà fare una leggera pressione e la parte finale si spezzerà da sola.

2 Rivestiamo con carta forno la placca e disponiamo gli asparagi in fila.

3 Cospargiamoli con il parmigiano grattugiato e il pangrattato.

4 Condiamo con olio e sale, e inforniamo in forno ventilato preriscaldato a 170 °C per 20 minuti. Possiamo gustare gli asparagi al forno sia caldi sia freddi!

Gli asparagi al forno sono un antipasto molto sfizioso e semplice da preparare, ma anche un secondo primaverile perfetto per accompagnare una frittata semplice o uova bollite.

ROSETTE DI PANE

9 ROSETTE

ingredienti

- 500 G DI FARINA (METÀ 0, METÀ MANITOBA)
- 300 ML DI ACQUA
- 10 G DI LIEVITO DI BIRRA
- 1 CUCCHIAINO DI ZUCCHERO
- 1 CUCCHIAINO DI SALE
- 1 CUCCHIAIO DI OLIO EXTRAVERGINE DI OLIVA

1 In una ciotola mischiamo le due farine.

2 In una ciotola capiente versiamo l'acqua tiepida e sbricioliamo il lievito di birra, facciamo sciogliere, aggiungiamo lo zucchero e iniziamo a mescolare. Quindi uniamo poco per volta, e sempre mescolando, 3-4 pugni di farina presi dal totale. Lasciamo riposare 15-20 minuti per far attivare il lievito.

3 Uniamo il sale alla farina e mischiamo.

4 Versiamo l'olio nella ciotola del lievito e amalgamiamo. Quindi incorporiamo la farina in più riprese, sempre mescolando.

5 Quando l'impasto inizia a diventare consistente, lo trasferiamo sul piano di lavoro infarinato e continuiamo a impastare fino a incorporare tutta la farina. L'impasto del pane va lavorato a lungo, finché non diventa sodo ed elastico.

6 Modelliamo un panetto e lo mettiamo in una ciotola infarinata, facciamo un'incisione a croce, copriamo con la pellicola e lasciamo lievitare per 2 ore in luogo caldo.

7 A lievitazione ultimata l'impasto avrà raddoppiato il suo volume. Lo mettiamo sul tavolo e lo allarghiamo con le mani, poi lo ripieghiamo su se stesso: portiamo verso il centro prima il lembo superiore, poi quello inferiore e infine i laterali per ottenere di nuovo un panetto. Questo serve a migliorare la struttura del pane.

8 Rimettiamo l'impasto nella ciotola infarinata. Copriamo con la pellicola e facciamo lievitare per un'ora in luogo caldo.

9 Riprendiamo l'impasto, lo trasferiamo sul piano di lavoro, lo allarghiamo con le mani e facciamo un'altra serie di pieghe come prima. Mettiamo l'impasto di nuovo a lievitare in luogo caldo fino a che non sarà raddoppiato di volume (ci vorrà ancora circa un'ora).

10 Lavoriamo un po' l'impasto con le mani e formiamo un filoncino che poi tagliamo in 9 parti da circa 90 g l'una. Formiamo delle palline e le appoggiamo sulla placca rivestita di carta forno. Copriamo con un panno e lasciamo lievitare per mezz'ora.

11 È il momento di dare forma alle rosette: facile, basta semplicemente premere sulle palline di pasta un tagliamela!

12 Trasferiamo in forno statico già caldo e lasciamo cuocere a 230 °C per 10 minuti, poi abbassiamo la temperatura a 200 °C per altri 15 minuti. Per ottenere una crosticina croccante mettiamo nella parte bassa del forno un pentolino con acqua per i primi 10 minuti. A fine cottura sforniamo le rosette fatte in casa, calde calde, prendiamo un bel cesto e le sistemiamo tutte, tranne una perché... bisogna assaggiare!!! La crosticina è perfetta e l'impasto è morbido all'interno: che buono il pane fatto in casa!

Avete presente quel profumo di pane appena sfornato?
Ci vuole un po' di pazienza con i tempi di lievitazione,
ma vi assicuro che ne vale la pena: sentirete il delizioso aroma!
E voi come le chiamate, rosette o michette?

INSALATA RUSSA

4 PERSONE

ingredienti

- 500 G DI PATATE
- 250 G DI CAROTE
- 250 G DI PISELLI MEDI
- 2 CUCCHIAI DI OLIO EXTRAVERGINE DI OLIVA
- 1 CUCCHIAIO DI ACETO
- 5 CETRIOLINI SOTTACETO
- 250 G DI MAIONESE

1 Prima di tutto mondiamo le patate e le carote e le tagliamo a dadini delle dimensioni dei piselli. I piselli vanno bene sia freschi sia congelati; se usiamo quelli congelati li risciacquiamo in acqua fredda.

2 Prepariamo una pentola piena d'acqua e la mettiamo sul fuoco. Quando si fa l'insalata russa si dovrebbero usare diverse pentole, perché le verdure hanno tempi di cottura differenti. Se volete semplificare il procedimento fate come me: armatevi solo di pentola e di timer.

3 Appena l'acqua bolle saliamo e versiamo i piselli; quando riprende il bollore facciamo cuocere per 4 minuti esatti; quindi aggiungiamo le patate, quando l'acqua riprende il bollore cuociamo 2 minuti, poi aggiungiamo le carote. Lasciamo bollire altri 5 minuti, scoliamo tutto, versiamo in un'insalatiera e lasciamo intiepidire!

4 Prepariamo il condimento mescolando l'olio, l'aceto e i cetrioli tagliati a pezzetti. Aggiungiamo la verdura e lasciamo insaporire. Quando è tutto completamente freddo, uniamo la maionese, giriamo bene e mettiamo in frigo per almeno 2 ore. Mi piace sistemare l'insalata russa su un piatto da portata creando una forma a cupola, che decoro con delle uova sode tagliate a spicchi e disposte a fiore, e dei cetriolini tagliati a fettine.

Non amo molto l'insalata russa, ma mio marito Marco ne va pazzo e per accontentarlo ho imparato a prepararla... E quando la porto in tavola a Natale va subito a ruba! Che cosa non si fa per amore...

PANCAKE SALATI CREATIVI

4 PERSONE

ingredienti per la pastella

- 2 UOVA
- 2 CUCCHIAINI DI ZUCCHERO
- 1 CUCCHIAINO DI SALE
- 250 ML DI LATTE
- 3 CUCCHIAI DI OLIO DI SEMI DI GIRASOLE
- 300 G DI FARINA
- 2 CUCCHIAINI DI LIEVITO PER DOLCI
- BURRO Q.B.

per decorare

- PEPERONI
- WÜRSTEL
- OLIVE
- POMODORINI
- CAROTE

1 Ogni pancake sarà un viso sorridente con occhi, naso, bocca e una bella chioma di capelli. Prepariamo subito la bocca, che otteniamo con fettine di peperone rosso; sarà facile farla sorridente. Per fare dei begli occhioni tagliamo a rondelle un würstel.

2 Ora prepariamo i pancake. In una ciotola rompiamo le uova, aggiungiamo lo zucchero, il sale e iniziamo a frullare con lo sbattitore elettrico. Quindi uniamo il latte, l'olio e la farina poco alla volta. Continuiamo a frullare e aggiungiamo per ultimo il lievito.

3 Scegliamo una padella antiaderente di circa 20 cm di diametro e la mettiamo sul fuoco con un po' di burro. Versiamo un cucchiaio abbondante di pastella e appena inizia a rapprendersi sistemiamo subito due rondelle di würstel (gli occhi) e una fettina di peperone rosso (la bocca). Quindi giriamo il pancake e cuociamo l'altro lato.

4 Quando i nostri pancake salati sono cotti, li possiamo decorare a piacimento. Per completare gli occhi mettiamo sulle rondelle di würstel delle olive tagliate a metà. Per fare un bel nasone rosso da clown tagliamo a metà un pomodorino. Grattugiamo le carote per ottenere una bella chioma: ecco il signor Pel di Carota!

Vi mancano le idee? Chiedete ai bambini e fatevi aiutare da loro a preparare i pancake, ne salteranno fuori delle belle!

5 A un altro signore invece possiamo mettere un nasino appuntito con un triangolo di cetriolo e dei bei capelli ricci verde pisello... A me sembra proprio un signor Precisino!

6 Il volto di un ragazzo lo facciamo un po' più moderno, con i capelli a spazzola ricavati da triangoli di cetriolo, il nasino da una mezza oliva e due belle sopracciglia rosse. Questo lo chiamerò signor Furbetto.

7 Come vedete, i pancake salati con würstel e verdure sono simpaticissimi e si prestano a numerose varianti. I capelli li possiamo fare in mille modi: con la lattuga, i broccoli, il radicchio, il mais. Per sopracciglia, orecchie e nasi tagliamo della forma che vogliamo pomodori, cetrioli, carote, melanzane e würstel.

Quando in casa arrivano dei bambini, mi diverto spesso a preparare questi pancake. Cuciniamo per loro un piatto colorato e simpatico per invogliarli a sedersi a tavola con noi e a mangiare le verdure senza storcere la bocca!

CORNETTI RIPIENI DI ZUCCHINE

8 CORNETTI

ingredienti

- 100 G DI PANCETTA
- 250 G DI ZUCCHINE
- SALE
- PEPE
- 1 CONFEZIONE DI PASTA SFOGLIA ROTONDA
- 50 G DI ROBIOLA
- 1 TUORLO
- SEMI DI PAPAVERO Q.B.

1 In una padella rosoliamo la pancetta a dadini, aggiungiamo le zucchine grattugiate e facciamo cuocere per 3-4 minuti. Regoliamo di sale e pepe.

2 Dividiamo in 8 spicchi la pasta sfoglia con una rotella. Mettiamo un cucchiaino di robiola alla base di ogni spicchio e uno di zucchine e pancetta.

3 Per ottenere i cornetti arrotoliamo i triangoli a partire dalla base verso la punta. Sistemiamoli poi sulla placca rivestita di carta forno. Spennelliamo con il tuorlo e cospargiamo di semi di papavero.

4 Mettiamo in forno statico preriscaldato a 200 °C per 15-20 minuti. Adesso possiamo sfornare e gustare i nostri cornetti salati alle zucchine!

I cornetti salati sono un'ottima soluzione per un picnic: si preparano in anticipo e sono buonissimi anche freddi. Incartateli a uno a uno al posto dei panini o dei sandwich e vedrete che successo!

MENU

Antipasti

CARCIOFI PASTELLATI E FRITTI

UOVA RIPIENE CON SALSA AL TONNO

ROSELLINE DI PATATE DUCHESSA

Primi piatti

TORTELLINI AL FORNO

TAGLIATELLE AL LIMONE

Secondi piatti

COSTOLETTE DI AGNELLO FRITTE

POLPETTONE RIPIENO

Dessert

PROFITEROLES UOVO DI PASQUA

PASTIERA A MODO MIO

MENU PER UN BUFFET

Il menu che vi propongo è dedicato al pranzo pasquale, che può essere a buffet o servito a tavola.

Con le dovute sostituzioni possiamo declinarlo anche a menu di Natale. Inseriamo tra gli antipasti l'insalata russa, tra i secondi le lenticchie con la salsiccia e prepariamo un dessert a tema natalizio: il panettone rose cake, la charlotte di pandoro o la cheesecake al torrone.

Per un buffet adatto a tutte le occasioni, anche una festa per bambini, possiamo preparare la tavola con pietanze salate e stuzzichini in abbondanza: torciglioni di sfoglia al pesto e speck, ventagli di würstel e pancake salati; aggiungiamo cavolfiori gratinati per gli adulti. Per il dolce: bignè alla crema, rotolini dolci, muffin al cioccolato con sorpresa e cicerchiata e chiacchiere per carnevale.

Ricordiamoci di preparare piattini di plastica e tovagliolini in più punti del buffet e, per non creare confusione, sistemiamo le bibite su un tavolo a parte. Un'idea utile è quella di contrassegnare i bicchieri con il nome. Per i bambini usiamo gli sticker che sono divertenti o scriviamo semplicemente il nome (nelle festicciole a scuola lo facevamo sempre), altrimenti ne sprecheremo centinaia e ci ritroveremo senza in men che non si dica!

ROSELLINE DI PATATE DUCHESSA

16 ROSELLINE

ingredienti

- ½ KG CIRCA DI PATATE
- 1 UOVO
- 100 G DI FORMAGGIO SPALMABILE
- 1 CUCCHIAIO DI PARMIGIANO GRATTUGIATO
- SALE
- PEPE

1 Per prima cosa lessiamo le patate, poi le sbucciamo e le schiacciamo con uno schiacciapatate. Raccogliamone ½ kg in una ciotola.

2 Lasciamo intiepidire, poi aggiungiamo l'uovo, il formaggio spalmabile, il parmigiano, il sale e un pizzico di pepe. Mescoliamo bene fino a ottenere un composto liscio e omogeneo.

3 Prendiamo una sac à poche con una punta a stella abbastanza larga e la riempiamo con il composto.

4 Rivestiamo la placca con carta forno e iniziamo a formare le nostre roselline, distanziandole un po' l'una dall'altra.

5 Inforniamo in forno statico preriscaldato e lasciamo cuocere a 220 °C per 15-20 minuti, fino a quando non saranno belle dorate.

Le roselline di patate duchessa hanno una preparazione semplice, ma sono molto scenografiche, perfette per stupire i nostri ospiti! E poi, oltre a essere buone, sono adatte per guarnire altri piatti.

FINOCCHI GRATINATI

4 PERSONE

ingredienti

- 2 FINOCCHI
- 4 CUCCHIAI DI PANGRATTATO
- 1 CUCCHIAIO DI PARMIGIANO GRATTUGIATO
- 1 MANCIATA DI MIX DI SPEZIE PER ARROSTI
- SALE
- OLIO EXTRAVERGINE DI OLIVA Q.B.

1 Mondiamo e tagliamo a spicchi i finocchi e li raccogliamo in una ciotola, poi aggiungiamo il pangrattato, il parmigiano grattugiato, il mix di spezie per arrosti e un pizzico di sale.

2 Mescoliamo bene con le mani e distribuiamo sulla placca rivestita con carta forno. Irroriamo di olio e mettiamo in forno statico preriscaldato a 200 °C per 35-40 minuti o comunque finché i finocchi non saranno gratinati.

Ogni anno provo a coltivare i finocchi nel mio orto. Purtroppo piacciono tanto anche alle lepri, che rosicchiano tutta la parte verde, fresca e gustosa. Anche se lo sport preferito di Nuvola è proprio rincorrere le lepri, loro non si danno per vinte: arrivano la mattina presto quando Nuvola è ancora a nanna in casa... Capite bene che preparare un'insalata di finocchi coltivati da me è una bella conquista!

VENTAGLI DI WÜRSTEL

RICETTA FURBA

12 VENTAGLI

ingredienti

- 1 CONFEZIONE DI PASTA SFOGLIA RETTANGOLARE
- 100 G DI FORMAGGIO SPALMABILE
- 4 WÜRSTEL MAXI

1 Stendiamo la pasta sfoglia sul piano di lavoro. Copriamo tutta la superficie con il formaggio spalmabile.

2 Sistemiamo due würstel lungo il lato più lungo della sfoglia e iniziamo ad arrotolare aiutandoci con la carta forno. Fermiamoci a metà.

3 Giriamo la sfoglia di 180° e ripetiamo lo stesso procedimento: sistemiamo gli altri due würstel sul lato lungo e arrotoliamo.

4 Tagliamo il rotolo a fette spesse almeno 2 cm e le sistemiamo sulla placca rivestita con la carta forno.

5 Mettiamo in forno statico preriscaldato a 200 °C per 25 minuti. Ecco i nostri ventagli di würstel!

Per i vegetariani scegliamo i würstel vegetali, che si trovano facilmente e sono una valida alternativa. A dire il vero sono buonissimi e leggeri, piaceranno di certo anche agli onnivori!

CARCIOFI PASTELLATI E FRITTI

4 PERSONE

ingredienti

- 4 CARCIOFI
- SALE
- ½ CUCCHIAIO DI ACETO
- OLIO PER FRIGGERE Q.B.
- 300 ML DI BIRRA
- 250 G DI FARINA

1 Per prima cosa mondiamo i carciofi, eliminando le foglie più esterne e le punte. Quindi li tagliamo in quattro spicchi.

2 Sbollentiamo gli spicchi in acqua salata, a cui avremo aggiunto l'aceto (oppure succo di limone), che farà mantenere ai carciofi il loro bel colore. Scoliamo e lasciamo asciugare per qualche minuto.

3 Mettiamo sul fuoco una padella con abbondante olio per friggere.

4 Nel frattempo prepariamo la pastella. In una ciotola versiamo la birra ben fredda, la farina e un pizzico di sale. Mescoliamo bene con la frusta per non lasciare grumi.

5 Quando l'olio è bollente, passiamo i pezzi di carciofo nella pastella e poi li tuffiamo direttamente nell'olio. Friggiamo fino a quando non saranno ben dorati, rigirandoli spesso; infine scoliamo con una schiumarola e appoggiamo su un vassoio con carta assorbente o carta paglia.

La birra è l'ingrediente ideale per preparare la pastella perché regala alla frittura una doratura perfetta, un sapore particolare ma delicato e un profumo davvero invitante. Io la uso per quasi tutte le verdure, che risultano appetitose e croccanti. La pastella con la birra è una valida soluzione per chi non vuole utilizzare uova.

RICETTA FURBA

TORCIGLIONI DI SFOGLIA AL PESTO E SPECK

10 STICK

ingredienti

- 1 CONFEZIONE DI PASTA SFOGLIA RETTANGOLARE
- 50 G DI PESTO
- 50 G DI SPECK A FETTE

1 Srotoliamo la sfoglia, e con un cucchiaio distribuiamo il pesto su tutta la superficie. Solo su metà sistemiamo le fette di speck.

2 Chiudiamo la sfoglia a libro e sigilliamo bene i bordi. Con una rotella da pizza tagliamo delle strisce, che avvolgiamo su se stesse un paio di volte e sistemiamo sulla placca rivestita di carta forno. Possiamo ricavare i torciglioni lunghi o corti, a seconda di come orientiamo la sfoglia al momento di tagliarla. Io di solito scelgo il verso più corto, così ne ottengo una decina.

3 Facciamo cuocere a 210 °C in forno statico già caldo per 15 minuti.

Per gustose varianti possiamo sostituire lo speck con prosciutto cotto, fette di salame, mortadella, bresaola. Sistemiamo i torciglioni di sfoglia in un bel cesto e serviamo insieme all'aperitivo!

UOVA RIPIENE CON SALSA AL TONNO

4 PERSONE

ingredienti

- 6 UOVA
- 150 G DI TONNO SOTT'OLIO IN SCATOLA
- 2 CUCCHIAI DI MAIONESE
- ½ CUCCHIAINO DI ERBA CIPOLLINA

oppure

- 6 UOVA
- 2 CUCCHIAI DI SOTTACETI
- 120 G DI TONNO SOTT'OLIO IN SCATOLA
- 1 CUCCHIAIO DI MAIONESE

oppure

- 6 UOVA
- 150 G DI TONNO SOTT'OLIO IN SCATOLA
- 1 CUCCHIAIO DI MAIONESE
- ½ CUCCHIAIO DI KETCHUP

1 Per prima cosa facciamo cuocere le uova, poi le immergiamo in acqua fredda e le lasciamo raffreddare completamente. Quindi le sgusciamo e le tagliamo a metà facendo attenzione a non romperle. Preleviamo i tuorli, tenendo gli albumi integri.

2 In un mixer mettiamo i tuorli, il tonno e gli altri ingredienti che abbiamo scelto. Frulliamo fino a ottenere un composto liscio e omogeneo. Poi con un cucchiaino riempiamo l'incavo degli albumi. Distribuiamo ripieno in abbondanza in modo da formare una bella cupola. Poi, per completare con un tocco di colore, aggiungiamo una fogliolina di prezzemolo. Come vedete il procedimento base è semplicissimo. Potete creare altre mille varianti utilizzando ingredienti diversi ogni volta!

Per questa ricetta ho proposto tre varianti perché possiate scegliere quella che più vi piace. Io di solito le preparo tutte, così porto in tavola un vassoio di uova ripiene in tre gusti. E se avanza un po' di ripieno? Prepariamo tartine spalmandolo sui cracker o su quadratini di pancarrè!

VELLUTATA DI ASPARAGI

4 PERSONE

ingredienti

- 500 G DI ASPARAGI
- OLIO EXTRAVERGINE DI OLIVA Q.B.
- ½ CIPOLLA
- SALE
- 1 LITRO DI ACQUA
- 100 G DI FORMAGGIO SPALMABILE
- 2 CUCCHIAI DI FECOLA DI PATATE

1 Dopo avere lavato gli asparagi ed eliminato la parte più dura del gambo, li tagliamo a pezzetti e li raccogliamo in una casseruola con l'olio, la cipolla, il sale.

2 Aggiungiamo l'acqua e lasciamo cuocere per 15 minuti. Poi uniamo il formaggio spalmabile.

3 Frulliamo gli asparagi con il minipimer, fino a ottenere una crema. Per farla addensare, uniamo 2 cucchiai abbondanti di fecola di patate.

4 Lasciamo cuocere il composto sul fuoco per altri 4-5 minuti, mescolando con una frusta. Quando si sarà addensata, la vellutata di asparagi è pronta per essere servita: accompagniamola con delle fette di pane o con crostini!

La vellutata di asparagi è un piatto leggero ma allo stesso tempo molto gustoso e saporito, che si prepara in poco tempo. Per rendere la ricetta ancora più ricca e cremosa, ho voluto aggiungere il formaggio spalmabile.

PARMIGIANA BIANCA DI MELANZANE

4 PERSONE

ingredienti

- 2 MELANZANE (700–800 G CIRCA)
- SALE
- OLIO EXTRAVERGINE DI OLIVA Q.B.
- PANGRATTATO Q.B.
- 150 G DI PESTO
- 400 G DI MOZZARELLA

1 Mondiamo le melanzane e le tagliamo a fette spesse 0,5 cm. Le sistemiamo in una teglia rivestita di carta forno. Con un coltello pratichiamo delle incisioni sulla polpa, senza trapassare la fetta. Saliamo e irroriamo di olio. Mettiamo in forno statico preriscaldato a 190-200 °C per 20 minuti.

2 Scegliamo una pirofila di 20x30 cm. Cospargiamo di pangrattato il fondo. Disponiamo uno strato di melanzane, spalmiamo il pesto, aggiungiamo quindi la mozzarella tagliata a fette. Ripetiamo l'operazione e continuiamo fino a riempire la pirofila e a esaurire gli ingredienti.

3 Terminiamo con uno strato di mozzarella, che cospargeremo con abbondante pangrattato.

4 Mettiamo di nuovo in forno statico già caldo a 190-200 °C per 20 minuti. Possiamo terminare con qualche minuto di grill per fare gratinare in superficie. Una volta sfornata, lasciamo intiepidire la parmigiana bianca per qualche minuto e siamo pronti per servirla.

La parmigiana tradizionale prevede la frittura delle melanzane, in questa ricetta invece cuciniamo tutto in forno. Un ottimo piatto per le serate in compagnia!

RISOTTO SALSICCIA E RADICCHIO

4 PERSONE

ingredienti

- 1 CESPO DI RADICCHIO ROSSO
- 1 LITRO DI BRODO
- ½ CIPOLLA
- 2 CUCCHIAI DI OLIO EXTRAVERGINE DI OLIVA
- 200 G DI SALSICCIA (2 SALSICCE)
- 150 ML DI VINO BIANCO
- 300 G DI RISO
- SALE
- 50 G DI PARMIGIANO GRATTUGIATO

1 Laviamo e tagliamo il radicchio a fettine sottili, e mettiamo a scaldare il brodo.

2 In un tegame rosoliamo la cipolla tritata con l'olio e la salsiccia a tocchetti, sfumiamo con il vino, quindi aggiungiamo il radicchio e facciamo cuocere per un paio di minuti.

3 Aggiungiamo il riso e facciamo tostare, poi versiamo il brodo poco alla volta, mescolando di tanto in tanto. Una volta cotto il riso, regoliamo di sale e mantechiamo con una manciata di parmigiano. Buon appetito!

Da ragazzina non amavo il radicchio, né crudo né cotto!
Non era una verdura che si vedeva spesso a casa mia, per fortuna!
Eppure con gli anni ho imparato ad apprezzare questo ortaggio
così saporito, e abbinato al risotto lo adoro!!!

RICETTA FURBA

PASTA AL FORNO DELL'ULTIMO MINUTO

4 PERSONE

ingredienti

- OLIO EXTRAVERGINE DI OLIVA Q.B.
- PEPERONCINO FRESCO
- 2 SALSICCE
- 500 G DI PASSATA DI POMODORO
- ½ BICCHIERE DI ACQUA
- SALE
- 350 G DI RIGATONI
- 250 G DI MOZZARELLA
- 25 G DI PARMIGIANO GRATTUGIATO

1 Mettiamo sul fuoco l'acqua per la pasta. Nel frattempo in una padella capiente facciamo scaldare l'olio e aggiungiamo un po' di peperoncino a pezzetti.

2 Sbricioliamo le salsicce e le facciamo rosolare mescolando con un cucchiaio di legno. Basteranno pochi minuti.

3 Quindi versiamo la passata di pomodoro, aggiungiamo mezzo bicchiere di acqua e una presa di sale. Mescoliamo di tanto in tanto mentre lasciamo cuocere a fuoco vivo per 4-5 minuti.

4 Quando l'acqua bolle, saliamo e buttiamo i rigatoni. Li scoliamo a metà cottura e li versiamo nella padella col sugo. Mescoliamo bene.

5 Aggiungiamo la mozzarella tagliata a cubetti e il parmigiano. Teniamo da parte una manciata di entrambi. Mescoliamo bene.

6 Versiamo la pasta condita in una teglia o in una pirofila da forno. Spolveriamo con il parmigiano e gli ultimi cubetti di mozzarella. Trasferiamo in forno statico già caldo a 220 °C per 25-30 minuti. La pasta avrà completato la sua cottura quando avrà assorbito il sugo, la mozzarella si sarà sciolta e sarà dorata in superficie. Togliamo dal forno e serviamo caldissimo!

Alla crosticina croccante e alla mozzarella fusa non si può resistere!

VELLUTATA DI ZUCCA

4 PERSONE

ingredienti

- 500 G DI ZUCCA PULITA
- 750 ML DI ACQUA
- 100 G DI RICOTTA VACCINA
- SALE
- OLIO EXTRAVERGINE DI OLIVA Q.B.
- PEPE

1 Tagliamo a dadini la zucca mondata e la mettiamo in una pentola con l'acqua. Lasciamo bollire per 10-15 minuti, mescolando ogni tanto. A fine cottura i pezzi di zucca dovranno schiacciarsi facilmente con una forchetta.

2 Frulliamo con il mixer direttamente in pentola per ottenere un composto liscio.

3 Aggiungiamo la ricotta e frulliamo ancora. Adesso la nostra vellutata di zucca ha una consistenza cremosa.

4 Condiamo con sale, olio e un po' di pepe. Io servo la vellutata di zucca accompagnata con pane abbrustolito!

La vellutata di zucca è ottima per l'autunno quando abbiamo voglia di un piatto caldo. In pochi minuti prepariamo un primo gustoso e leggero, ricco di proprietà benefiche per la salute!

TAGLIATELLE AL LIMONE

RICETTA FURBA

4 PERSONE

ingredienti

- 300 G DI PASTA ALL'UOVO (TAGLIATELLE O FETTUCCINE), MEGLIO SE FATTE A MANO
- 50 ML DI OLIO EXTRAVERGINE DI OLIVA
- SUCCO DI 1 LIMONE

1 Cuciniamo le tagliatelle in acqua salata, le scoliamo e le condiamo con abbondante olio a crudo e con il succo di limone che, insieme all'olio, esalta tantissimo il sapore della pasta all'uovo. Una volta assaggiata, vedrete che la mangerete sempre così!

Le tagliatelle al limone sono la soluzione perfetta quando vogliamo un primo piatto che conquisti gli ospiti per il gusto fresco e insolito!

TORTELLINI AL FORNO

4 PERSONE

ingredienti

- ½ CIPOLLA
- ½ CAROTA
- 2 CUCCHIAI DI OLIO EXTRAVERGINE DI OLIVA
- 500 G DI PASSATA DI POMODORO
- SALE
- ½ KG DI TORTELLINI DI CARNE
- 250 G DI MOZZARELLA
- 50 G CIRCA DI PARMIGIANO GRATTUGIATO

1 Iniziamo col preparare il sugo al pomodoro: facciamo soffriggere la cipolla e la carota in poco olio, poi aggiungiamo la passata di pomodoro, il sale e lasciamo cuocere per una decina di minuti.

2 Nel frattempo cuociamo i tortellini in acqua salata, ma solo per metà del tempo di cottura consigliato (se sono preparati con pasta fresca basteranno un paio di minuti). Quindi li scoliamo e li condiamo con il sugo, la mozzarella tagliata a dadini e il parmigiano. Mescoliamo bene per farli insaporire.

3 Sistemiamo i tortellini in una pirofila da forno, cospargiamo di parmigiano grattugiato e inforniamo in forno statico già caldo per 10-15 minuti a 200 °C. A me piacciono un po' croccanti, perciò a fine cottura li faccio abbrustolire in superficie accendendo il grill. Attenzione, però: basta davvero un attimo, non allontanatevi dal forno!

I tortellini al forno sono perfetti nelle giornate di festa: piacciono ai grandi e fanno impazzire i bambini. Prepariamoli in anticipo, così sarà un attimo scaldarli in forno!

PASTA ZUCCHINE E GAMBERETTI

4 PERSONE

ingredienti

- 3 CUCCHIAI DI OLIO EXTRAVERGINE DI OLIVA
- ½ CIPOLLA
- 3 ZUCCHINE
- SALE
- 350 G DI PASTA TIPO MEZZE MANICHE
- 200 G DI GAMBERETTI SURGELATI
- PREZZEMOLO TRITATO Q.B.

1 Mentre prepariamo il condimento, mettiamo a bollire l'acqua.

2 In un tegame versiamo l'olio e la cipolla affettata. Lasciamo rosolare, quindi uniamo le zucchine tagliate a rondelle sottili, saliamo e facciamo cuocere per una decina di minuti. Aggiungiamo un mestolo di acqua calda e continuiamo la cottura.

3 Appena l'acqua bolle, buttiamo la pasta. Quando le zucchine sono appassite e cominciano a formare una cremina, uniamo i gamberetti e facciamo cuocere ancora per 4-5 minuti.

4 Scoliamo la pasta e la passiamo in padella qualche secondo per farla insaporire bene con il condimento. Infine una bella spolverata di prezzemolo tritato... Pronta!

PASTA CON LE MELANZANE

4 PERSONE

ingredienti

- OLIO EXTRAVERGINE DI OLIVA Q.B.
- 1 SPICCHIO DI AGLIO
- 2 CIUFFETTI DI ROSMARINO
- 1 MELANZANA
- 300 G DI PASSATA DI POMODORO
- 350 G DI RIGATONI
- SALE

1 In una padella versiamo l'olio, mettiamo l'aglio e un ciuffetto di rosmarino. Lasciamo soffriggere per 2-3 minuti. In questo modo l'olio si insaporirà.

2 Tagliamo la melanzana a pezzetti non troppo piccoli. Quando l'aglio sarà ben rosolato, versiamo le melanzane in padella e lasciamo cuocere per circa 5-6 minuti, mescolando ogni tanto, fino a quando non si saranno ammorbidite leggermente.

3 A questo punto aggiungiamo la passata di pomodoro e lasciamo cuocere per 10-15 minuti, mescolando ogni tanto.

4 Mentre il sugo cuoce, mettiamo a bollire l'acqua, saliamo e buttiamo la pasta. Scoliamola al dente e ripassiamola in padella assieme al sugo per qualche minuto.

5 Prima di servire aggiungiamo un rametto di rosmarino fresco e portiamo in tavola!

CONIGLIO ALLE OLIVE

4 PERSONE

ingredienti

- ½ BICCHIERE DI OLIO EXTRAVERGINE DI OLIVA
- 2 SPICCHI DI AGLIO
- 1 RAMETTO DI ROSMARINO
- 1 CONIGLIO DI 1 KG CIRCA
- ¼ DI BICCHIERE DI ACETO
- ½ BICCHIERE DI VINO BIANCO
- ½ BICCHIERE DI ACQUA
- SALE
- 200 G DI OLIVE NERE INTERE

1 In un tegame facciamo rosolare nell'olio gli spicchi d'aglio interi con il rametto di rosmarino, poi mettiamo il coniglio a pezzi e facciamo rosolare qualche minuto.

2 Versiamo l'aceto e lasciamo sfumare. Aggiungiamo il vino, l'acqua e il sale e facciamo cuocere con il coperchio per un'ora circa, mescolando spesso.

3 Quando il liquido inizia ad asciugarsi, togliamo il coperchio, aggiungiamo le olive e facciamo cuocere a fuoco vivo fino a quando il coniglio non sarà ben dorato e le olive appassite. La carne risulterà morbida e gustosa.

Il coniglio è protagonista dei piatti della mia regione, e io ho imparato a cucinarlo come da tradizione con vino e aceto. È un secondo che preparo spesso, ma a Marco il connubio vino-aceto non piace, e preferisce che cucini questa pietanza con solo aceto. E sapete?, è ottima anche così!

ARISTA FREDDA GRANA E POMODORINI

4 PERSONE

ingredienti

- 1 KG CIRCA DI SALE GROSSO
- UN PAIO DI RAMETTI DI ROSMARINO
- 1 KG DI ARISTA DI MAIALE

per condire

- RUCOLA Q.B.
- POMODORINI Q.B.
- OLIO EXTRAVERGINE DI OLIVA Q.B.
- ACETO BALSAMICO Q.B.
- SALE
- SCAGLIE DI GRANA Q.B.

1 Copriamo il fondo di uno stampo per plumcake con il sale grosso. Sistemiamo prima un rametto di rosmarino, poi l'arista contenuta nella rete e ancora del rosmarino. Ora versiamo il resto del sale fino a coprire completamente la carne. Mettiamo a cuocere in forno statico a 190 °C, oppure in forno ventilato a 180 °C, per circa un'ora.

2 Sforniamo e lasciamo intiepidire per qualche minuto. Rompiamo la crosta di sale con una forchetta, eliminiamo la rete e spennelliamo l'arista per togliere il sale in eccesso.

3 Tagliamo la carne a fettine sottili e disponiamole su un piatto da portata.

4 In una ciotola raccogliamo abbondante rucola fresca e pomodorini tagliati a pezzetti. Condiamo con olio, aceto e sale e distribuiamo sulla carne. Infine cospargiamo di grana in scaglie.

ARISTA CON CREMA DI VERDURE

4 PERSONE

ingredienti

- 1 KG CIRCA DI ARISTA DI MAIALE
- SALE
- 3 CUCCHIAI DI OLIO EXTRAVERGINE DI OLIVA
- 1 CIPOLLA
- 2 CAROTE
- 2 COSTE DI SEDANO
- 1 BICCHIERE DI VINO BIANCO
- 2 BICCHIERI DI ACQUA

1 Per prima cosa saliamo il nostro trancio di arista e lasciamolo insaporire per un'ora.

2 Quindi in un tegame largo versiamo l'olio e aggiungiamo le verdure tagliate finemente. Facciamo rosolare l'arista per qualche minuto, avendo cura di girarla da tutti i lati.

3 A questo punto aggiungiamo il vino, l'acqua e un po' di sale, chiudiamo con il coperchio e lasciamo cuocere per un'ora circa a fuoco lento, girando l'arista di tanto in tanto. Se vediamo che il fondo si asciuga, aggiungiamo ancora un po' di acqua.

4 Dopo circa un'ora controlliamo la cottura affondando la forchetta nella carne: se entra senza problemi, è cotta. Tagliamo l'arista a fette molto sottili (circa di 2-3 mm) e le disponiamo su un piatto da portata.

5 Nella padella le verdure saranno spappolate e saranno rimaste circa due dita di liquido. Recuperiamo tutto il fondo e lo frulliamo per ottenere una salsa densa e saporita da versare sulla carne.

Possiamo accompagnare l'arista con della cicoria bollita, cucinata a parte. La serviamo insieme alla carne e la irroriamo con la crema di verdure. Il sapore dolce della carota e della cipolla si sposa perfettamente con quello amarognolo della cicoria.

SALMONE IN CROSTA

4 PERSONE

ingredienti

- 300 G DI SPINACI
- SALE
- 1 NOCE DI BURRO
- SUCCO DI ½ LIMONE
- 1 CONFEZIONE DI PASTA SFOGLIA ROTONDA
- 500 G DI FILETTO DI SALMONE

1 Lessiamo gli spinaci in abbondante acqua salata, li scoliamo bene e li ripassiamo in padella con il burro e il succo di limone.

2 Srotoliamo la pasta sfoglia. Sistemiamo al centro metà degli spinaci, poi appoggiamo sopra il salmone e infine un altro strato di spinaci. Pieghiamo e sigilliamo la pasta sfoglia sui bordi.

3 Mettiamo in forno statico preriscaldato a 200 °C per 20-25 minuti. A fine cottura la crosta sarà dorata e croccante. Lasciamo raffreddare e poi tagliamo in tranci di 4-5 cm.

Questo è un secondo di pesce originale e saporito. Gli spinaci e la pasta sfoglia mantengono il salmone umido al punto giusto.

LENTICCHIE CON LA SALSICCIA

4 PERSONE

ingredienti

- 500 G DI LENTICCHIE
- 2 SALSICCE
- 2 CUCCHIAI DI OLIO EXTRAVERGINE DI OLIVA
- PEPERONCINO Q.B.
- ½ CIPOLLA
- ½ CAROTA
- ½ BICCHIERE DI VINO BIANCO
- 500 G DI PASSATA DI POMODORO
- SALE

1 Dopo averle lavate sotto acqua corrente, facciamo cuocere le lenticchie in un tegame con abbondante acqua salata. Per i tempi di cottura regoliamoci con quanto scritto sulla confezione, ma in genere 20 minuti – il tempo di preparare il sugo – sono sufficienti.

2 Facciamo rosolare la salsiccia tagliata a pezzi nell'olio insieme al peperoncino, alla cipolla e alla carota tritati. Sfumiamo con il vino e poi aggiungiamo la passata di pomodoro, regoliamo di sale e facciamo cuocere per una ventina di minuti.

3 Quando le lenticchie sono ancora un po' al dente, eliminiamo parte dell'acqua di cottura. Ne deve restare solo la quantità sufficiente a ricoprire le lenticchie. Quindi uniamo il sugo alla salsiccia e lasciamo sul fuoco ancora per una decina di minuti, per ultimare la cottura delle lenticchie e farle insaporire bene.

La notte di San Silvestro le lenticchie non possono mancare. Però a me piace prepararle durante tutto l'inverno, perché vado matta per i legumi e durante le feste natalizie non sempre riesco ad apprezzarle per la gran quantità di pietanze a disposizione. Così, quando ho ospiti a pranzo, preparo questo piatto, che è completo e nutriente.

BOCCONCINI DI POLLO ALLE MANDORLE

4 PERSONE

ingredienti

- 500 G DI BOCCONCINI DI POLLO
- 50 G DI FARINA
- OLIO DI SEMI DI GIRASOLE Q.B.
- 100 G DI MANDORLE PELATE
- ½ CIPOLLA
- ZENZERO FRESCO Q.B.
- ½ BICCHIERE DI ACQUA
- SALSA DI SOIA Q.B.

1 Infariniamo i bocconcini di pollo.

2 Mettiamo sul fuoco la padella con un filo di olio di semi, versiamo le mandorle e le lasciamo rosolare un paio di minuti mescolando continuamente. Quando sono dorate, le togliamo dal tegame e le mettiamo da parte.

3 Aggiungiamo un po' d'olio nella padella, la cipolla tagliata sottile e una grattata di zenzero fresco. Uniamo i bocconcini di pollo e facciamo rosolare. Quindi versiamo l'acqua e salsa di soia a piacere. Copriamo e lasciamo cuocere per 4 o 5 minuti, mescolando ogni tanto.

4 Infine aggiungiamo le mandorle che avevamo messo da parte e facciamo insaporire qualche minuto. Spegniamo il fuoco e serviamo!

La salsa di soia è un condimento di origine orientale ottenuto da soia e grano. Si sposa perfettamente con la carne e con il pesce, ma può essere aggiunto anche a zuppe e minestre e in molte ricette può sostituire completamente il sale. Serviamo questo piatto accompagnato con riso basmati lessato, in perfetto stile orientale!

COSTOLETTE DI AGNELLO FRITTE

4 PERSONE

ingredienti

- 12 COSTOLETTE DI AGNELLO
- SALE
- 1 CUCCHIAIO DI PREZZEMOLO TRITATO
- SUCCO E BUCCIA GRATTUGIATA DI 1 LIMONE
- 3 UOVA
- PANGRATTATO Q.B.
- OLIO PER FRIGGERE Q.B.

1 Per prima cosa cerchiamo di appiattire le costolette con un batticarne o con il fondo di un pentolino. Le raccogliamo in un piatto e le condiamo con sale, prezzemolo tritato finemente e la buccia grattugiata del limone. Lasciamo insaporire per un'ora circa.

2 Prepariamo poi l'occorrente per la panatura: rompiamo le uova, aggiungiamo il succo di limone, sale e sbattiamo con una forchetta. Prepariamo anche il pangrattato in un piatto e un vassoio dove appoggiare le costolette panate. Mettiamo sul fuoco una padella con l'olio per friggere.

3 Ora sporchiamoci le mani! Passiamo la carne prima nell'uovo e poi nel pangrattato, premendo per farlo aderire bene su tutti i lati. Tuffiamo le costolette nell'olio bollente e friggiamo, girandole spesso, fino a quando non saranno ben dorate e croccanti.

Questo è un piatto che non manca mai sulla nostra tavola di Pasqua. Per guadagnare tempo, io preferisco impanare qualche ora prima di friggere, sistemo le costolette a strati divisi da fogli di carta forno e al momento giusto scaldo l'olio... *et voilà!*

CONIGLIO PANATO AL FORNO

4 PERSONE

ingredienti

- 1 CONIGLIO A PEZZI
- SALE
- 1 MAZZETTO DI PREZZEMOLO
- 1 SPICCHIO DI AGLIO
- SUCCO E BUCCIA GRATTUGIATA DI 1 LIMONE
- 3 UOVA
- PANGRATTATO Q.B.
- OLIO EXTRAVERGINE DI OLIVA Q.B.

1 Mettiamo il coniglio in una ciotola, saliamo, aggiungiamo il prezzemolo tritato, l'aglio a pezzettini e la buccia del limone grattugiata, poi mescoliamo e lasciamo insaporire per un'ora.

2 Prepariamo l'occorrente per la panatura: in una ciotola rompiamo le uova, aggiungiamo il succo del limone, un pizzico di sale e sbattiamo bene. In un piatto versiamo il pangrattato.

3 Prepariamo anche una teglia rivestita con carta forno e unta d'olio.

4 Passiamo ogni pezzo di carne prima nell'uovo e poi nel pangrattato, infine lo accomodiamo nella teglia. I pezzi dovranno stare a contatto, ma non essere sovrapposti.

5 Una volta panata la carne, irroriamo con un filo d'olio e mettiamo in forno statico già caldo. Lasciamo cuocere per un'ora a 180 °C, girando il coniglio a metà cottura in modo che sia ben dorato su tutti i lati.

Facciamo una bella panatura consistente. in questo modo la carne del coniglio rimane croccante all'esterno e morbida all'interno.

COSCIA DI TACCHINO AL FORNO

8 PERSONE

ingredienti

- 1 COSCIA DI TACCHINO DI 2 KG CIRCA
- SALE
- 1 MAZZETTO DI FINOCCHIETTO SELVATICO
- 2–3 SPICCHI DI AGLIO
- PEPE
- 1 GOBBO (CARCIOFO SELVATICO O CARDO) FACOLTATIVO
- 1 BICCHIERE DI OLIO EXTRAVERGINE DI OLIVA
- 1 BICCHIERE DI VINO BIANCO

1 Per prima cosa incidiamo la coscia di tacchino con un coltello ben affilato, praticando dei tagli nel senso della larghezza ogni 4-5 cm e arrivando con il coltello a toccare l'osso. Quindi saliamo.

2 In una ciotola raccogliamo il finocchietto selvatico e l'aglio tritati, aggiungiamo un pizzico di pepe e mescoliamo. Prendiamo il trito con le mani e lo strofiniamo sulla coscia per distribuire bene gli odori. Cerchiamo di far entrare un po' di aromi anche nei tagli. Lasciamo insaporire per almeno mezz'ora. Per un risultato migliore, a casa mia si prepara alla mattina e si cuoce alla sera.

3 Nella mia ricetta sono previsti i cardi, come da tradizione, ma se non li trovate dal fruttivendolo potete sostituirli con gambi di carciofo o anche non metterli. Quindi puliamo i cardi: togliamo le foglie esterne lasciando solo il gambo, tagliamolo a pezzi di circa 5 cm di lunghezza e condiamo con sale, pepe e olio.

4 Mettiamo la coscia di tacchino in una teglia da forno, aggiungiamo i cardi, irroriamo con abbondante olio e con il vino e copriamo la teglia con un foglio di alluminio. Trasferiamo in forno statico già caldo e facciamo cuocere a 200 °C, girando la coscia dopo mezz'ora. Dopo un'ora eliminiamo l'alluminio e finiamo di cuocere.

Questo è un piatto che a casa nostra non manca mai il giorno di San Martino, l'11 novembre: lo serviamo accompagnato da patate arrosto. Terminiamo la cena cuocendo le castagne sul fuoco del caminetto e innaffiandole con del buon vino rosso novello!

GALANTINA

8 PERSONE

ingredienti

- 1 GALLINA DI 1,5–2 KG
- 3 UOVA SODE
- 1 KG DI CARNE MISTA MACINATA MOLTO FINE
- ½ BICCHIERE DI LATTE (125 ML CIRCA)
- 2 COSTE DI SEDANO
- 1 CAROTA
- 10 OLIVE VERDI DENOCCIOLATE
- 80 G DI PANGRATTATO
- 50 G DI PARMIGIANO GRATTUGIATO
- SALE
- NOCE MOSCATA Q.B.

1 Disossiamo la gallina. Non siete capaci? Non importa, chiedete al vostro macellaio di farlo per voi. Mettiamo a bollire le uova.

2 Prepariamo il ripieno riunendo in una ciotola la carne macinata, il latte, il sedano e la carota tagliati a dadini, le olive, il pangrattato, il parmigiano, sale e noce moscata. Mescoliamo bene con le mani; dovremmo ottenere una consistenza come quella che si ha quando si preparano le polpette, quindi, se serve, aggiungiamo ancora pangrattato o latte.

3 Allarghiamo la gallina disossata su un tagliere e cominciamo a disporre il ripieno al centro. Quando ne abbiamo messo un po' più della metà, sistemiamo le uova sode nel senso della lunghezza, quindi ricopriamo con il ripieno rimasto. A questo punto dobbiamo tirar fuori la sarta che è in noi e con ago e filo da imbastitura richiudiamo la gallina e poi cuciamo a formare un salsicciotto.

4 Avvolgiamo la galantina in un canovaccio e facciamola bollire in acqua salata per almeno 2 ore. Scoliamo e ancora bollente la appoggiamo su un tagliere. Sopra mettiamo un peso che servirà a compattare e a far fuoriuscire il liquido di cottura.

5 Quando la carne è fredda, la tagliamo in fette di 0,5 cm di spessore che disponiamo su un piatto accompagnate con un po' di insalata russa (trovate la ricetta a p. 188).

VITELLO TONNATO A MODO MIO

4 PERSONE

ingredienti

- 1 KG CIRCA DI GIRELLO DI VITELLO
- 3 CUCCHIAI DI OLIO EXTRAVERGINE DI OLIVA
- 1 CAROTA
- 2 COSTE DI SEDANO
- ½ CIPOLLA
- 1 BICCHIERE DI VINO BIANCO

per la salsa

- 160 G DI TONNO SOTT'OLIO IN SCATOLA
- 20 CAPPERI
- 100 G DI SOTTACETI
- 300 G DI MAIONESE

1 Mettiamo il girello a cuocere in un tegame dove abbiamo precedentemente versato l'olio e le verdure tagliate in modo grossolano. Mettiamo il vino e poi aggiungiamo acqua fino a coprire per metà la carne (ne servirà circa un litro) e portiamo sul fuoco. Se non avete le verdure fresche, potete aggiungere all'acqua di cottura il mio dado vegetale (trovate la ricetta a p. 293).

2 Lasciamo cuocere per un'ora e mezzo, girando spesso la carne e aggiungendo acqua nel caso si abbassasse di livello. Togliamo la carne dal tegame e lasciamo raffreddare. Nel frattempo prepariamo la salsa.

3 In una ciotola oppure nel bicchiere del mixer mettiamo il tonno ben sgocciolato, i capperi, i sottaceti e la maionese, e frulliamo bene.

4 Tagliamo la carne a fette dello spessore di 2-3 mm e le sistemiamo su un piatto da portata senza sovrapporle, poi le ricopriamo completamente con la salsa tonnata.

Questa è tra le pietanze a base di carne che preferisco preparare in anticipo. Servire la carne fredda durante un pranzo importante è un'ottima soluzione per risparmiare tempo in cucina mentre ci dedichiamo ad altri piatti più complicati.

POLPETTONE RIPIENO

4 PERSONE

ingredienti

- 5 UOVA
- 350 G DI SPINACI
- 600 G DI CARNE MACINATA
- 1 PIZZICO DI NOCE MOSCATA
- 50 G DI PARMIGIANO GRATTUGIATO
- SALE
- 80 G DI PANGRATTATO
- 80 G DI SPECK A FETTE

1 Mettiamo a bollire 4 uova, poi le sgusciamo e le teniamo da parte.

2 Lessiamo anche gli spinaci, li scoliamo, li strizziamo bene e li tritiamo un po'.

3 In una ciotola raccogliamo il macinato e uniamo l'uovo rimasto, la noce moscata, il parmigiano, il sale e mescoliamo bene. Aggiungiamo il pangrattato poco per volta fino a incorporarlo tutto.

4 Mettiamo l'impasto del polpettone su un foglio di carta forno. Copriamo con un altro foglio e passiamo il matterello per appiattire. Dobbiamo ottenere un rettangolo. Rimuoviamo il foglio che sta sopra.

5 Copriamo l'impasto con gli spinaci, poi facciamo uno strato con lo speck. Infine sistemiamo le uova sode in fila vicino al bordo.

6 Ora arrotoliamo il polpettone aiutandoci con la carta forno. Quindi lo avvolgiamo nella stessa carta e chiudiamo le estremità ben strette a caramella. Mettiamo in una teglia e lo facciamo cuocere in forno statico preriscaldato a 200 °C per 40-45 minuti.

7 Finita la cottura, lo togliamo dal forno e lo lasciamo riposare coperto con un panno fino a che non sarà tiepido.

8 Quindi rimuoviamo delicatamente la carta forno. Ora possiamo tagliare il polpettone a fette. In questo modo rimane compatto e umido all'interno e avremo fette perfette senza rischiare di romperle.

VERDURE GRATINATE AL FORNO

4 PERSONE

ingredienti

- 150 G DI PANGRATTATO
- 1 MAZZETTO DI PREZZEMOLO
- 1 SPICCHIO DI AGLIO
- 2 ZUCCHINE
- 1 MELANZANA
- SALE
- POMODORINI Q.B.
- OLIO EXTRAVERGINE DI OLIVA Q.B.
- 2 PEPERONI
- 4 POMODORI
- 1 CIPOLLA

1 Prepariamo il mix per gratinare. In un frullatore versiamo il pangrattato, il prezzemolo tritato grossolanamente e lo spicchio di aglio. Frulliamo finché non otteniamo un composto granulare omogeneo. A piacere possiamo aggiungere altri aromi.

2 Foderiamo due teglie con carta forno. Nella prima sistemiamo le zucchine tagliate per il lungo e la melanzana a fette. Manteniamo uno spessore di almeno 1 cm. Con un coltellino pratichiamo delle incisioni sulle fette per favorire la cottura.

3 Saliamo a piacere e distribuiamo sulle verdure il mix per gratinare; spargiamoci sopra dei pomodorini tagliati a pezzetti e irroriamo con olio.

4 Nella seconda teglia disponiamo i peperoni a falde. Mi piace alternare il peperone giallo a quello rosso per dare colore al piatto! Poi tagliamo a metà i pomodori e a fette spesse la cipolla. Regoliamo di sale, distribuiamo il mix per gratinare e irroriamo con olio.

5 Inforniamo le due teglie a 190 °C per 20 minuti in modalità statica. Sforniamo e sistemiamo le verdure gratinate su un piatto da portata. Sono leggermente croccanti in superficie e molto saporite.

Se avanza il mix per gratinati, lo mettiamo in un contenitore ermetico e lo conserviamo in freezer. Sarà pronto per condire altre verdure. È ottimo anche per gratinare il pesce!

MENU

Antipasti

CORNETTI RIPIENI DI ZUCCHINE

DANUBIO SALATO

INSALATA DI FUNGHI CHAMPIGNON

Primi piatti

PARMIGIANA BIANCA DI MELANZANE

RISOTTO SALSICCIA E RADICCHIO

Secondi piatti

CONIGLIO ALLE OLIVE

ARISTA FREDDA GRANA E POMODORINI

Dessert

TORTA FARFALLA

MINI PAVLOVE ALLA FRUTTA

MENU PER UN COMPLEANNO

Qui vi faccio un esempio per il menu di un compleanno, ma tenete conto che il festeggiato ha sempre l'ultima parola!

Quando ci sono bambini, preferisco abbondare con gli antipasti, in questo caso cornetti e torte salate, visto che tenerli a tavola a lungo è impossibile, e in genere tornano a sedersi al momento del dolce!

Insieme ai primi piatti mettiamo in programma una vellutata di asparagi o di zucca, se a tavola ci sono anziani che potrebbero preferire un piatto più leggero.

Tra i secondi ho proposto due ricette di carne, ma possiamo inserire anche un ottimo salmone in crosta.

La torta di compleanno deve essere il piatto forte! La torta farfalla per una signorina (da 9 a 90 anni!), la fidget spinner per ragazzini vivaci o quella al caffè per i signori uomini. Come dessert extra possiamo preparare le mini pavlove, che vanno benissimo per il compleanno di qualcuno che non ama spegnere le candeline.

Se poi combiniamo insalata di funghi champignon, risotto salsiccia e radicchio, arista fredda e mini pavlove, abbiamo un menu senza glutine.

CHIACCHIERE

4 PERSONE

ingredienti

- 1 UOVO
- 1 CUCCHIAIO DI ZUCCHERO
- 1 CUCCHIAIO DI LIQUORE ALL'ANICE, IN ALTERNATIVA ALTRO LIQUORE AROMATICO O VINO BIANCO
- 1 CUCCHIAIO DI OLIO DI SEMI DI GIRASOLE
- BUCCIA GRATTUGIATA DI LIMONE A PIACERE
- SALE
- 140 G CIRCA DI FARINA
- OLIO PER FRIGGERE Q.B.

per decorare

- ZUCCHERO A VELO Q.B.

1 In una ciotola rompiamo l'uovo, aggiungiamo lo zucchero e il liquore all'anice, l'olio, la buccia grattugiata di limone, un pizzico di sale e infine la farina poco per volta. Lavoriamo con le mani fino a ottenere un impasto liscio e omogeneo.

2 Stendiamo la pasta con il matterello in una sfoglia sottile. Spolveriamo di farina man mano che procediamo. Con la rotella tagliamo a strisce la pasta per ottenere lunghi rettangolini.

3 Scaldiamo l'olio per friggere nella padella: è pronto quando, gettandovi un pezzetto d'impasto, questo torna subito a galla. Quindi friggiamo due chiacchiere alla volta e rigiriamole per farle cuocere da tutti i lati. Quando sono belle dorate, le scoliamo e le mettiamo su carta assorbente. Friggiamo fino a esaurimento dell'impasto.

4 Infine spolveriamo abbondantemente di zucchero a velo e mangiamole calde calde!

5 Possiamo preparare le chiacchiere in una versione più leggera cuocendole in forno. In questo caso basta tagliarle un pochino più grandi, metterle sulla placca ricoperta di carta forno e cuocerle in forno statico caldo a 200 °C per 10 minuti. Quando sono pronte, spolveriamo di zucchero a velo!

BIGNÈ ALLA CREMA

12-13 BIGNÈ

ingredienti per l'impasto

- 150 ML DI ACQUA
- 100 G DI BURRO
- SALE
- 150 G DI FARINA
- 5 UOVA MEDIE

per la crema

- 500 ML DI LATTE
- 2 UOVA
- 4 CUCCHIAI DI ZUCCHERO
- 4 CUCCHIAI DI FARINA
- 1 CUCCHIAIO DI CACAO

per la copertura

- 150 G DI CIOCCOLATO FONDENTE
- 1 CUCCHIAIO DI LATTE
- ZUCCHERO A VELO

1 In una pentola mettiamo l'acqua, il burro e un pizzico di sale. Portiamo sul fuoco. Quando il burro è sciolto completamente e l'acqua inizia a bollire, versiamo tutta la farina e mescoliamo con un cucchiaio di legno. L'impasto diventa piuttosto denso. Continuiamo a mescolare energicamente finché tutta la farina è amalgamata e l'impasto inizia ad asciugarsi, a staccarsi dalle pareti della pentola e diventa una palla. Spegniamo il fuoco e lasciamo riposare un minuto.

2 Allarghiamo l'impasto e aggiungiamo le uova, uno alla volta, e mescoliamo. Uniamo un altro uovo solo quando il precedente è stato completamente incorporato. Dobbiamo ottenere un impasto appiccicoso e della consistenza di una crema pasticcera densa. Ecco un trucco per capire quando ci siamo: se il cucchiaio di legno rimane in piedi al centro, allora l'impasto per i bignè è pronto!

3 Rivestiamo la placca con carta forno. Con un cucchiaino prendiamo un po' di impasto e con un altro lo facciamo scendere sulla placca. Procediamo così per tutto l'impasto: otterremo 12-13 palline morbide.

4 Cuociamo in forno già caldo a 180 °C per 35 minuti in modalità statica. Durante la cottura i bignè crescono molto e diventano dorati in superficie. Al termine della cottura spegniamo il forno e socchiudiamo lo sportello bloccandolo con un cucchiaio di legno. Lasciamo riposare i bignè. Dopo 20 minuti possiamo sfornare.

5 Intanto prepariamo la crema. Versiamo il latte in una pentola e portiamo sul fuoco.

6 Rompiamo le uova in un'altra pentola e sbattiamo con una frusta. Quindi aggiungiamo lo zucchero e continuiamo a mescolare, poi incorporiamo la farina.

Possiamo farcire questi dolcetti eccellenti, oltre che con la crema, con la panna montata o con la panna spray. Poi spolveriamo tutto con zucchero a velo.

7 Quando il latte è bollente, lo versiamo a filo sulle uova, lavorando con la frusta. Se il composto è ben amalgamato e non presenta grumi, sempre mescolando possiamo portare la pentola sul fuoco fino a quando la crema non sarà densa e si attaccherà al cucchiaio. Spegniamo il fuoco.

8 Per farcire i bignè, con la punta di un coltello pratichiamo un piccolo foro su un lato: in questo modo potremo inserire la crema senza rischiare di romperli. Scegliamo un punto dove la pasta è più sottile e leggermente crepata.

9 Applichiamo una punta medio-piccola alla sac à poche. Riempiamola con metà della crema che abbiamo preparato. Infiliamo delicatamente la punta dentro il foro di un bignè e spremiamo lentamente. Procediamo così fino a svuotare la tasca. La quantità di crema dovrebbe bastare per farcire 6 bignè, che sistemeremo su un vassoio.

10 Adesso incorporiamo il cacao alla crema rimanente. Mescoliamo bene per amalgamare e riempiamo di nuovo la tasca da pasticciere. Ora farciamo i rimanenti bignè.

11 Per la copertura, facciamo sciogliere in un pentolino il cioccolato fondente ridotto a scaglie con il latte. Immergiamo velocemente la parte superiore dei bignè farciti con la crema al cioccolato. Quelli alla crema, invece, li spolveriamo con abbondante zucchero a velo. Lasciamo riposare un po' e poi assaggiamo: sono davvero golosi!

PROFITEROLES UOVO DI PASQUA

4 PERSONE

ingredienti

- 1 UOVO DI PASQUA FONDENTE DA 500 G
- 20 BIGNÈ DA FARCIRE

per la crema chantilly

- 2 UOVA
- 4 CUCCHIAI DI ZUCCHERO + 1 PER LA DECORAZIONE
- 4 CUCCHIAI DI FARINA
- ½ LITRO DI LATTE
- BUCCIA GRATTUGIATA DI 1 LIMONE
- 500 ML DI PANNA FRESCA

Utilizzare il mezzo guscio dell'uovo di cioccolato come vassoio è un'idea perfetta per consumare le uova di Pasqua avanzate!

1 Come prima cosa, prepariamo la crema seguendo il procedimento di p. 167 e la lasciamo raffreddare completamente.

2 Montiamo ben fermi 250 ml di panna con un cucchiaio di zucchero. Ne incorporiamo 200 ml alla crema e lasciamo la rimanenza per la decorazione. Uniamo alla crema mescolando dal basso verso l'alto, in questo modo la panna non si smonterà. La crema chantilly è pronta!

3 Farciamo i bignè. Con la punta di un coltello pratichiamo un foro alla base di ogni bignè. Riempiamo una sac à poche con la crema chantilly e li farciamo tutti.

4 Tagliamo l'uovo di Pasqua verticalmente in due parti uguali: usiamo un coltello con la lama appena scaldata sul fuoco, sarà più facile. Riduciamo una metà dell'uovo a pezzetti e li versiamo in un pentolino insieme alla panna non montata avanzata. Teniamo da parte alcuni pezzetti di cioccolato, serviranno in un secondo momento. Facciamo sciogliere sul fuoco, mescolando di tanto in tanto. Ci vorranno 4-5 minuti.

5 Facciamo sciogliere in un pentolino i pezzetti di cioccolato tenuti da parte. Se occorre, aggiungiamo un cucchiaino di latte. Versiamo al centro di un piatto capiente e posiamo sopra il mezzo uovo di Pasqua intero. Questa operazione serve per farlo attaccare perfettamente al piatto.

6 Con l'aiuto di due cucchiai immergiamo i bignè, uno per volta, nel cioccolato fuso e li disponiamo all'interno dell'uovo di cioccolato. Alla fine coliamo sopra il cioccolato fuso che resta.

7 Lasciamo riposare per circa un'ora in frigo e poi decoriamo con qualche ciuffetto di panna.

MUFFIN AL CIOCCOLATO CON SORPRESA

12 MUFFIN

ingredienti

- 2 UOVA
- 110 G DI ZUCCHERO
- 50 ML DI LATTE
- 50 ML DI OLIO DI SEMI DI GIRASOLE
- 125 G DI YOGURT BIANCO ZUCCHERATO
- 200 G DI FARINA
- 30 G DI CACAO AMARO
- ½ BUSTINA DI LIEVITO PER DOLCI (8 G)
- 12 OVETTI DI CIOCCOLATO FONDENTE E CIOCCOLATO BIANCO

1 In una ciotola rompiamo le uova e azioniamo lo sbattitore elettrico. Aggiungiamo lo zucchero, il latte, l'olio e lo yogurt.

2 Iniziamo a incorporare la farina poco per volta sempre frullando, poi uniamo il cacao amaro e infine il lievito. L'impasto dei muffin è pronto.

3 Scartiamo 12 ovetti di cioccolato: saranno loro la sorpresa!

4 Prepariamo lo stampo per muffin con i pirottini di carta che riempiamo per metà con l'impasto al cioccolato. Inseriamo un ovetto al centro di ogni muffin e ricopriamo con altro impasto.

5 Inforniamo a 180 °C e lasciamo cuocere per 20-25 minuti in modalità statica.

Quando avanzano troppi cioccolatini, li sfrutto per alcune ricette.
Sembra strano, ma in questo modo mangio meno dolci.
Infatti, mentre riesco a gustare i muffin con calma,
gli ovetti scompaiono uno dopo l'altro in poche ore!

CICERCHIATA O STRUFFOLI

6 PERSONE

ingredienti

- 1 UOVO
- 1 CUCCHIAIO DI ZUCCHERO
- SALE
- BUCCIA GRATTUGIATA DI 1 LIMONE
- BUCCIA GRATTUGIATA DI 1 ARANCIA
- 1 CUCCHIAIO DI OLIO DI SEMI DI GIRASOLE
- 1 CUCCHIAIO DI LIQUORE ALL'ANICE. IN ALTERNATIVA ALTRO LIQUORE AROMATICO O VINO BIANCO
- 140 G CIRCA DI FARINA
- OLIO PER FRIGGERE Q.B.

per la copertura

- 100 G DI MIELE
- 30 G DI ZUCCHERO
- 30 G DI MANDORLE A FETTINE

per decorare

- ZUCCHERINI COLORATI Q.B.

1 In una ciotola rompiamo l'uovo, poi mentre mischiamo versiamo lo zucchero, un pizzico di sale, la buccia dell'arancia e del limone. Uniamo anche l'olio e il liquore all'anice. Per ultima incorporiamo la farina, e impastiamo.

2 Quando l'impasto è consistente, lo trasferiamo sul piano e continuiamo a lavorarlo fino a quando non si attacca più alle dita. Con il matterello lo stendiamo a uno spessore di circa 0,5 cm, poi con un coltello tagliamo l'impasto a strisce. Arrotoliamo ogni striscia con le mani a formare un cordoncino. Quindi tagliamo a pezzettini di circa 1 cm. Ecco qui i nostri struffoli!

3 In una padella scaldiamo l'olio; versiamo gli struffoli, pochi per volta, li facciamo dorare e li mettiamo a scolare su carta assorbente.

4 Una volta finito di friggere, possiamo procedere con la copertura. In una pentola facciamo sciogliere il miele con lo zucchero, ci versiamo gli struffoli e mescoliamo bene, quindi uniamo le mandorle.

5 Sistemiamo gli struffoli in un piatto. Per dare la classica forma a cupola aiutiamoci modellando con mezzo limone, così non si attaccano alle dita o al cucchiaio e si insaporiscono leggermente. Ora il tocco finale: gli zuccherini! Ecco un dolce di carnevale facilissimo e colorato!

Struffoli, pignolata o cicerchiata... questa golosità è diffusa in molte regioni d'Italia con nomi diversi, ma resta sempre il dolce del carnevale per eccellenza, tranne che in Campania, dove si mangia a Natale.

TORTA FIDGET SPINNER

25 PERSONE

ingredienti per il pan di Spagna

- 8 UOVA
- 300 G DI ZUCCHERO
- 50 G DI CACAO AMARO
- 250 G DI FARINA
- 1 BUSTINA DI LIEVITO VANIGLIATO

per farcire

- 500 ML DI PANNA ZUCCHERATA (750 ML PER I PIÙ GOLOSI)
- 70 G DI LATTE CONDENSATO O 50 G DI MIELE
- GOCCE DI CIOCCOLATO O GRANELLA DI NOCCIOLE

per la bagna

- LATTE Q.B.

per decorare

- 10 ML DI COLORANTE A PIACERE
- 300 G CIRCA DI FARINA DI COCCO
- GIRELLE DI LIQUIRIZIA
- SMARTIES

1 Per preparare il pan di Spagna al cioccolato, mescoliamo in una ciotola le uova, lo zucchero, il cacao e la farina. Infine aggiungiamo il lievito e mescoliamo ancora. Rivestiamo con la carta forno una teglia (io ne uso una di forma quadrata di 35x35 cm perché mi risulta più facile ritagliare le forme). Mettiamo a cuocere per 20-25 minuti a 180 °C in forno statico preriscaldato.

2 Prepariamo il vassoio per la torta. Dobbiamo ottenere una forma ben precisa. La sagoma del fidget spinner assomiglia a un'elica. In fondo al libro trovate lo stencil da stampare e ritagliare nelle dimensioni che preferite. Sono tre parti che formano l'elica, un disco centrale e tre dischi alle estremità.

3 Dopo aver ritagliato le sagome che formano l'elica, le posizioniamo sul cartone e con un pennarello tracciamo i contorni. Ritagliamo con le forbici e rivestiamo tutto con la pellicola per alimenti per evitare che il cartone entri in contatto con la torta. Possiamo fermare la pellicola sul retro con il nastro adesivo. Il vassoio a forma di fidget spinner è pronto.

4 Con un coltello tagliamo in due strati il pan di Spagna. Riprendiamo le tre sagome dello spinner e le appoggiamo sul pan di Spagna; dobbiamo sfruttare al massimo tutta la superficie. Ritagliamo con un coltello affilato. Dalla pasta che avanza ricaviamo il disco centrale.

5 Per comporre la torta fidget spinner, prendiamo uno strato di ognuna delle tre parti di pan di Spagna e lo appoggiamo sul vassoio di cartone per formare la base.

Gli elementi di questa torta sono tutti semplicissimi. è mettendoli insieme che otterremo un dolce fenomenale!

6 Ora prepariamo la farcitura montando ben ferma la panna zuccherata fredda, a cui aggiungiamo il latte condensato. Frulliamo ancora per amalgamare bene.

7 Con un pennellino inzuppiamo di latte il pan di Spagna. Stendiamo un primo strato di farcia, poi distribuiamo le gocce di cioccolato (o cioccolato fondente tagliato con il coltello).

8 Sistemiamo il secondo strato di pan di Spagna, lo inzuppiamo con il latte, ricopriamo con il resto della crema, spalmandola bene anche sui lati per coprire la torta. Posiamo sopra il disco centrale, lo inzuppiamo di latte e ricopriamo con la crema. La fidget spinner è pronta!

9 Passiamo alla decorazione. Dalla carta forno ritagliamo tre dischetti ricavandoli dal contorno di una tazzina o dallo stencil in fondo al libro. Poi li appoggiamo su ognuna delle estremità della torta.

10 In una ciotola versiamo il colorante in gocce (io ho scelto il celeste) e lo allunghiamo con acqua. Versiamo la farina di cocco e mescoliamo per farla reidratare. Il composto è pronto quando il colore è omogeneo e il cocco è umido ma ben sgranato. Ricopriamo tutta la torta con il cocco colorato facendolo aderire alla superficie. Ora solleviamo delicatamente i dischi di carta forno con una pinzetta.

11 Srotoliamo le girelle di liquirizia e le usiamo per contornare i cerchi che sono rimasti bianchi. All'esterno mettiamo una fila di Smarties. Decoriamo anche il cerchio centrale.

12 Che spettacolo! Ora proviamo a farla girare: io come base ho usato un piatto per la decorazione dei dolci, ma l'ideale sarebbe la base della TV!

CHEESECAKE ALLE FRAGOLE

10–12 PERSONE

ingredienti per la crema

- 500 G DI FRAGOLE
- SUCCO DI 1 LIMONE
- 2 CUCCHIAI DI ZUCCHERO
- 10 G DI GELATINA IN FOGLI
- 250 G DI MASCARPONE
- 200 ML DI PANNA FRESCA NON ZUCCHERATA
- 250 G DI YOGURT ALLA FRAGOLA
- 125 G DI ZUCCHERO A VELO VANIGLIATO

per la base

- 200 G DI BISCOTTI DIGESTIVE
- 100 G DI BURRO

per la glassa

- 80 G DI ZUCCHERO
- 30 G DI MAIZENA

1 Per prima cosa pensiamo alla crema. Laviamo bene le fragole, eliminiamo il picciolo, le tagliamo a pezzetti e le raccogliamo in una ciotola. Irroriamo con il succo di limone, aggiungiamo lo zucchero e mescoliamo bene. Lasciamo macerare in frigo per un'ora.

2 Nel frattempo prepariamo la base per la cheesecake. Sbricioliamo completamente i biscotti in un frullatore. Li trasferiamo in una ciotola, aggiungiamo il burro fuso e mescoliamo con un cucchiaio fino ad amalgamare completamente.

3 Rivestiamo il fondo di uno stampo a cerniera di 24 cm di diametro con un foglio di carta forno, versiamo i biscotti e con il dorso di un cucchiaio compattiamo bene. Mettiamo in frigo per 15 minuti.

4 Facciamo ammorbidire i fogli di gelatina in acqua fredda.

5 In una ciotola capiente versiamo il mascarpone, lo ammorbidiamo con un cucchiaio, poi aggiungiamo la panna. Con lo sbattitore elettrico montiamo ben fermo, quindi uniamo lo yogurt e frulliamo ancora fino a ottenere un composto spumoso. Per ultimo aggiungiamo lo zucchero a velo, incorporandolo poco per volta.

6 Strizziamo la gelatina e la mettiamo in un pentolino con qualche cucchiaino di acqua, scaldiamo sul fuoco per farla sciogliere e la aggiungiamo alla crema. Frulliamo ancora per amalgamare.

7 Versiamo la crema sulla base e livelliamo bene con una spatola o un cucchiaio e riponiamo in frigorifero per 3 ore o in freezer per un'ora.

8 Passiamo alla glassa. Scoliamo il succo delle fragole che abbiamo messo a macerare. Aggiungiamo al succo dell'acqua (in totale devono essere 400 g di liquido) e versiamo tutto in un pentolino. Uniamo lo zucchero e la maizena e mescoliamo con una frusta.

9 Portiamo sul fuoco e facciamo addensare mescolando sempre, per qualche minuto, quindi spegniamo e uniamo le fragole in pezzi.

10 Versiamo il composto con le fragole sulla torta, livelliamo bene la superficie e mettiamo ancora in frigo per 30 minuti.

11 Adesso possiamo sformare la cheesecake: con un coltello la stacchiamo dai bordi, apriamo delicatamente la tortiera e sistemiamo il dolce su un piatto. La gelatina si è solidificata e la superficie è lucida e densa.

Per un'occasione speciale possiamo servire una fetta di cheesecake insieme a una manciata di fragole fresche e un ricciolo di panna montata.

TORTA OROLOGIO

10–12 PERSONE

ingredienti per il pan di Spagna

- 4 UOVA
- 150 G DI ZUCCHERO
- 150 G DI FARINA
- ½ BUSTINA DI LIEVITO PER DOLCI (8 G)

per farcire

- 500 ML DI PANNA ZUCCHERATA
- 1 CUCCHIAIO DI CACAO AMARO
- 50 G DI GOCCE DI CIOCCOLATO

per la bagna

- ½ BICCHIERE DI LATTE
- ½ BICCHIERE DI CAFFÈ
- ½ BICCHIERE DI ACQUA

per decorare

- ½ BICCHIERE DI ACQUA
- COLORANTE ALIMENTARE A PIACERE
- 100 G DI FARINA DI COCCO
- SMARTIES Q.B.
- GIRELLE DI LIQUIRIZIA Q.B.
- 1–2 BISCOTTI TIPO TOGO

1 Prepariamo la base, un pan di Spagna semplice e casalingo. In una ciotola rompiamo le uova e frulliamo con lo sbattitore elettrico insieme allo zucchero. Quindi incorporiamo la farina poco alla volta e il lievito.

2 Ungiamo e infariniamo uno stampo a cerniera di 24 cm di diametro, versiamo l'impasto e sbattiamo un po' per eliminare eventuali bolle d'aria. Cuociamo in forno statico preriscaldato a 180 °C per circa 40 minuti. Lasciamo raffreddare completamente e con un coltello lungo e affilato ricaviamo 3 dischi di uguale spessore.

3 Per la farcitura montiamo la panna con lo sbattitore elettrico. Quando è ben ferma, ne mettiamo da parte circa un terzo. Al resto della panna aggiungiamo il cacao e le gocce di cioccolato. Mescoliamo per bene.

4 Per la bagna mescoliamo il latte, il caffè e l'acqua. In alternativa possiamo usare anche caffè d'orzo oppure solo latte.

5 Ora viene la parte più bella: comporre la torta! Sistemiamo in un piatto il primo disco di pan di Spagna e lo inzuppiamo con la bagna. Quindi spalmiamo metà della farcia al cacao e livelliamo con un cucchiaio.

6 Copriamo con il secondo disco di pan di Spagna e ripetiamo l'operazione. Prendiamo il terzo disco e lo appoggiamo sopra rovesciato, cioè con la parte spugnosa verso l'alto, e bagniamo anche questo. Ricopriamo tutto con la panna montata che avevamo messo da parte. Con una spatola livelliamo la superficie e le pareti della torta. Infine con un coltello lungo lisciamo per bene.

7 Prepariamo la decorazione. In una ciotola versiamo il mezzo bicchiere di acqua e aggiungiamo il colorante alimentare (in questo caso ho scelto un bel blu), incorporiamo la farina di cocco e mescoliamo per amalgamare e idratare: otterremo una bella tinta azzurra.

8 Ora sistemiamo un piattino di plastica al centro della torta: serve per non sporcare quello che sarà il quadrante dell'orologio. Spolveriamo il cocco sulla torta fino a ricoprirla completamente. Cerchiamo di farlo aderire delicatamente alla panna. Poi rimuoviamo il piattino.

9 Ora dobbiamo preparare i numeri: apriamo le rotelle di liquirizia e tagliamo con le forbici dei bastoncini tutti uguali. Con questi sistemiamo sul quadrante i numeri romani corrispondenti alle ore XII, III, VI e IX. Posizioniamo gli Smarties negli spazi tra i numeri e poi in cerchio lungo tutto il bordo esterno. Infine, due biscottini Togo saranno le lancette dell'orologio, posizionate sulle cifre che indicano gli anni del festeggiato. La torta orologio di compleanno è pronta! È molto colorata e divertente da fare, ancora di più se nella preparazione coinvolgiamo i bambini!

Sono molto affezionata a questa torta che preparai per il compleanno di mio cugino più di vent'anni fa! Ho ritrovato la foto in un album e mi sono ricordata di quanto già allora mi divertissi a fare torte. A quei tempi non esisteva il cake design e mi ingegnai per trovare il modo di decorarla. Nonostante l'improvvisazione e la poca precisione, ho ricevuto tanti complimenti! È anche grazie a questa torta che mi sono appassionata ancora di più alla cucina e alla pasticceria.

TORTA DI COMPLEANNO AL CAFFÈ

12-15 PERSONE

ingredienti per il pan di Spagna

- 6 UOVA
- 220 G DI ZUCCHERO
- 220 G DI FARINA
- 1 BUSTINA DI LIEVITO PER DOLCI (16 G)

per la crema

- 1 LITRO DI LATTE
- 4 UOVA
- 300 G DI ZUCCHERO
- 50 G DI AMIDO DI MAIS
- 40 G DI CAFFÈ SOLUBILE (6 CUCCHIAI)
- 500 ML DI PANNA ZUCCHERATA
- CIOCCOLATO A SCAGLIE A PIACERE
- CACAO AMARO Q.B.

per la bagna

- 150 ML DI CAFFÈ AMARO
- 150 ML DI ACQUA

1 Prepariamo la base, un pan di Spagna molto semplice. Rompiamo le uova in una ciotola capiente e frulliamole con lo sbattitore elettrico insieme allo zucchero. Incorporiamo la farina poco per volta e infine il lievito.

2 Ungiamo e infariniamo uno stampo a cerniera di 24 cm di diametro, versiamo l'impasto e sbattiamo un po' per eliminare eventuali bolle d'aria. Cuociamo in forno statico preriscaldato a 180 °C per circa 40 minuti e lasciamo raffreddare.

3 Nel frattempo prepariamo la crema al caffè. In un pentolino mettiamo a scaldare il latte. In un altro rompiamo le uova e mescoliamo con una frusta. Aggiungiamo lo zucchero, quindi uniamo l'amido di mais.

4 Quando il latte è ben caldo, aggiungiamo il caffè solubile e mescoliamo fino a completo scioglimento. Quindi lo versiamo a filo nella pentola con le uova. Portiamo sul fuoco e mescoliamo in continuazione fino a far addensare. Ci vorranno circa 5 minuti. Copriamo la pentola con la pellicola e mettiamo da parte.

5 Tagliamo il pan di Spagna in 3 dischi di uguale spessore e prepariamo la bagna mescolando in una ciotola il caffè amaro e l'acqua.

6 In una ciotola montiamo ben ferma la panna zuccherata. Riprendiamo la crema al caffè che deve essere completamente fredda, la frulliamo per qualche secondo e poi la uniamo poco per volta alla panna, mescolando con un cucchiaio. Sarà una crema soffice soffice.

7 Sistemiamo su un piatto il primo disco di pan di Spagna e lo inzuppiamo con la bagna, quindi spalmiamo uno strato abbondante di crema e spolveriamo con cioccolato fondente a scaglie. Disponiamo il secondo strato e ripetiamo.

8 Sovrapponiamo il terzo strato capovolto, in modo che la parte spugnosa del pan di Spagna sia rivolta verso l'alto. Quindi inzuppiamo con la bagna e ricopriamo tutta la torta con la crema, livellando con una spatola. Teniamo da parte un po' di crema per la decorazione.

9 Con il manico di una forchetta facciamo delle strisce verticali sui bordi della torta.

10 Prepariamo la scritta stencil seguendo il procedimento di p. 304. Appoggiamo lo stencil con il messaggio di auguri sulla superficie e spolveriamo con il cacao amaro. Rimuoviamo delicatamente.

11 Con la crema al caffè avanzata riempiamo la sac à poche e decoriamo con dei piccoli riccioli di crema lungo il bordo superiore della torta e alla base, quindi sistemiamo un chicco di caffè o una goccia di cioccolato in cima a ognuno. Ecco pronta la torta, non è magnifica? Teniamola in frigo fino al momento di servire. Al taglio della torta avrete un dolce morbido al sapore di caffè e cacao e una crema paradisiaca!

Per le feste dei nostri papà, mariti, fidanzati, figli, fratelli, nonni che ci sostengono ogni giorno (e ogni tanto ci sopportano, diciamolo pure!) ho pensato di preparare una torta speciale. Con lo stencil scriviamo il nostro messaggio: Ti voglio bene, Al mio papà, Buon compleanno... E che dire di un disegno? A forma di cravatta, di automobile o di aeroplano? Insomma, sbrigliate la fantasia e dedicate questa torta all'uomo di casa!

TORTA FARFALLA

12–15 PERSONE

ingredienti per il pan di Spagna

- 4 UOVA
- 125 G DI ZUCCHERO
- 125 G DI FARINA
- ½ BUSTINA DI LIEVITO PER DOLCI (8 G)

per farcire

- UVA, FRAGOLE, BANANE, MANDARINI, KIWI, MIRTILLI
- 1–2 CUCCHIAI DI ZUCCHERO
- SUCCO DI 1 LIMONE
- 1 BARATTOLO DI ANANAS SCIROPPATO

per la crema

- 750 ML DI LATTE
- BUCCIA DI 1 LIMONE
- 3 UOVA
- 6 CUCCHIAI DI ZUCCHERO
- 6 CUCCHIAI DI FARINA

per la gelatina

- 125 ML DI ACQUA
- 50 G DI ZUCCHERO
- 8 G DI AMIDO DI MAIS

per decorare

- GIRELLA DI LIQUIRIZIA
- 250 ML DI PANNA DA MONTARE ZUCCHERATA

1 Per la base occorre un pan di Spagna rotondo. Facciamo così: rompiamo le uova in una ciotola capiente e frulliamo con lo sbattitore elettrico insieme allo zucchero. Incorporiamo la farina poco per volta, e infine il lievito.

2 Ungiamo e infariniamo uno stampo a cerniera di 24 cm di diametro, versiamo l'impasto e sbattiamo un po' per eliminare eventuali bolle d'aria. Cuociamo in forno statico preriscaldato a 180 °C per circa 40 minuti.

3 Una volta freddo lo tagliamo in orizzontale per ottenere 2 dischi. Quindi lo tagliamo a metà nel senso della lunghezza. Al centro ricaviamo un piccolo rombo, che eliminiamo.

4 Ora abbiamo il pan di Spagna suddiviso in 4: saranno le ali della nostra farfalla. Prendiamo le prime due e le rovesciamo sul piatto con la parte spugnosa verso l'alto.

5 Raccogliamo la frutta tagliata a pezzetti in una ciotola e la mescoliamo con un po' di zucchero e succo di limone.

6 Versiamo il succo dell'ananas sciroppato in una ciotola, allunghiamo con mezzo bicchiere di acqua e bagniamo le ali.

Questa torta speciale è dedicata a Sveva Casati Modignani. Con lei ho passato una delle giornate più emozionanti della mia vita. ho visto i luoghi dove prendono vita le sue storie e ho scoperto che scrive solo con la sua inseparabile macchina da scrivere rossa. oggi come tanti anni fa!

7 Prepariamo la crema. Scaldiamo il latte con la buccia di limone. In una ciotola rompiamo le uova, uniamo lo zucchero, la farina e mescoliamo con la frusta. Quando il latte è bollente, eliminiamo la buccia, e lo uniamo a filo alla crema sempre mescolando, quindi portiamo di nuovo sul fuoco. Proseguiamo fino a che la crema non si sarà addensata.

8 Spalmiamo una parte della crema sul pan di Spagna e poi cospargiamo con gran parte della frutta a pezzi. Posizioniamo le altre due ali della torta farfalla con la parte spugnosa verso l'alto.

9 Bagniamo ancora con il succo d'ananas e poi spalmiamo il resto della crema ricoprendo anche i bordi della torta. Lisciamo con una spatola.

10 Ora decoriamo le ali con i frutti rimasti, disponendoli in modo simmetrico: prima ananas, poi kiwi, fragole e tutti gli altri, alternando i colori per ottenere ali variopinte. Al centro facciamo il corpo della farfalla mettendo in fila i frutti più scuri, per esempio mirtilli o chicchi d'uva.

11 Prepariamo la gelatina con acqua, zucchero e amido di mais, giriamo bene con una frusta e portiamo sul fuoco fino a che non diventa completamente trasparente. Ora con un pennello spalmiamola sulla torta per lucidare e non far annerire la frutta.

12 Per decorare la torta farfalla montiamo a neve la panna zuccherata e con la sac à poche con la punta a stella facciamo una decorazione semplicissima dal basso verso l'alto, lungo i bordi della farfalla. Il tocco finale sono le antenne, che realizziamo con due pezzetti di liquirizia. La torta farfalla è meravigliosa e colorata, perfetta anche per i bambini!

TORTA DELIZIA AL LIMONE

6-8 PERSONE

ingredienti per la pasta biscotto

- 5 UOVA
- 70 G DI ZUCCHERO
- BUCCIA GRATTUGIATA DI ½ LIMONE
- ½ FIALETTA DI AROMA LIMONE
- 90 ML DI OLIO DI SEMI DI GIRASOLE
- 50 G DI FARINA

per il ripieno

- ½ LITRO DI PANNA ZUCCHERATA
- 250 G DI YOGURT AL LIMONE
- ½ FIALETTA DI AROMA LIMONE

per la bagna

- LIMONCELLO Q.B.

per la decorazione

- 1-2 LIMONI
- FOGLIOLINE DI MENTA

1 Montiamo a neve gli albumi con lo sbattitore elettrico. Quindi uniamo lo zucchero e frulliamo ancora. Aggiungiamo la buccia di limone e l'aroma limone. Infine incorporiamo i tuorli uno alla volta, mescolando delicatamente con una frusta.

2 Versiamo l'olio e mischiamo. Incorporiamo la farina setacciata poco alla volta, sempre mescolando con la frusta. Dobbiamo ottenere un composto schiumoso.

3 Versiamo l'impasto in una teglia quadrata di 35x35 cm, rivestita di carta forno. Livelliamo e mettiamo a cuocere per 15 minuti a 180 °C in forno statico preriscaldato oppure per 15 minuti a 170 °C in forno ventilato.

4 Lasciamo raffreddare per qualche minuto, poi rovesciamo la pasta biscotto su un foglio di carta forno nuovo. Delicatamente rimuoviamo quello di cottura.

5 In una ciotola montiamo ben ferma la panna zuccherata, aggiungiamo lo yogurt, l'aroma limone e continuiamo a frullare.

6 Riprendiamo la pasta biscotto e, aiutandoci con un righello, la tagliamo in strisce larghe 5 cm, che inzuppiamo con la bagna (limoncello allungato con un po' d'acqua).

7 Spalmiamo la panna sulla striscia di pasta, che poi arrotoliamo per formare una girella. Sistemiamola al centro di un piatto. Spalmiamo di panna tutte le altre strisce che avvolgiamo attorno alla prima, per ottenere una grande girella.

8 Spalmiamo la superficie della torta con la panna rimasta e lisciamo con la lama di un coltello. Decoriamo con ciuffi di panna, fette di limone e foglioline di menta. Teniamo la torta un paio d'ore in frigo prima di servire.

TORTA MIMOSA

25 PERSONE

ingredienti per il pan di Spagna

- 6 UOVA
- 220 G DI ZUCCHERO
- 220 G DI FARINA
- 1 BUSTINA DI LIEVITO PER DOLCI (16 G)

per la crema

- 750 ML DI LATTE
- BUCCIA DI 1 LIMONE
- 3 UOVA
- 6 CUCCHIAI DI ZUCCHERO
- 6 CUCCHIAI DI FARINA
- ½ LITRO DI PANNA ZUCCHERATA
- 1 BARATTOLO DI ANANAS SCIROPPATO

per la bagna

- SCIROPPO DI ANANAS
- ½ BICCHIERE DI ACQUA

per decorare

- NASTRO DI RASO (FACOLTATIVO)

1 Prepariamo la base. Rompiamo le uova in una ciotola e frulliamo con lo sbattitore elettrico insieme allo zucchero. Incorporiamo la farina poco per volta e infine il lievito.

2 Ungiamo e infariniamo una teglia rettangolare di 32x22 cm, versiamo l'impasto e sbattiamo un po' per eliminare le bolle d'aria. Possiamo utilizzare anche una teglia di alluminio usa e getta da 8 porzioni. Versiamo l'impasto del pan di Spagna. Inforniamo a 180 °C e lasciamo cuocere per 35-40 minuti (forno statico). Lasciamo raffreddare.

3 Nel frattempo prepariamo la crema. Scaldiamo il latte in un pentolino e aggiungiamo la buccia di limone. In un altro mettiamo le uova e lo zucchero, mescoliamo con la frusta e poi incorporiamo la farina. Dobbiamo ottenere un composto perfettamente liscio.

4 Quando il latte è caldo, togliamo la buccia di limone e lo versiamo a filo sul composto, mescoliamo bene e portiamo sul fuoco. Lasciamo cuocere fino a che non si addensa, mescolando in continuazione. Ci vorranno circa 5 minuti. Copriamo la pentola con la pellicola e teniamo da parte.

5 Tagliamo in orizzontale il pan di Spagna con un coltello affilato per ottenere 3 strati uguali.

6 In una ciotola montiamo la panna zuccherata ben soda con lo sbattitore elettrico.

7 Riprendiamo la crema completamente fredda e la mescoliamo qualche secondo con lo sbattitore. Incorporiamo metà panna montata (l'altra metà servirà per la decorazione). Amalgamiamo con una spatola o un cucchiaio.

8 Raccogliamo in una ciotola il contenuto del barattolo di ananas sciroppato, tagliamo l'ananas a pezzetti e lo aggiungiamo alla crema. Allunghiamo lo sciroppo rimasto con mezzo bicchiere di acqua per preparare la bagna.

9 In un vassoio rettangolare accomodiamo il primo strato di pan di Spagna e lo bagniamo con lo sciroppo. Copriamo con la metà della crema all'ananas e livelliamo con una spatola. Ripetiamo il procedimento con il secondo strato.

10 Con il coltello eliminiamo i bordi e la parte più scura dell'ultimo strato di pan di Spagna. Sbricioliamo la parte restante e ricopriamo la superficie della torta, lasciando liberi i bordi. Riempiamo la sac à poche con la panna montata avanzata e decoriamo il perimetro del dolce.

11 Per aggiungere un tocco elegante ho scelto un bel nastro di raso arancione. Confezioniamo dei fiocchetti da sistemare agli angoli della torta, basterà premerli leggermente sulla panna. Tagliamo dei pezzetti di nastro e li sistemiamo lungo i bordi della torta infilando i capi nella panna. In questo modo avremo l'impressione che sia stato cucito un intero nastro giallo. La torta mimosa è pronta. Tutta gialla e allegra, è un dolce elegante e di grande effetto!

La mimosa è il fiore dedicato alle donne. Prepariamo questa torta per l'8 marzo!

CHARLOTTE DI PANDORO

8 PERSONE

ingredienti

- ½ PANDORO
- RUM Q.B.
- 4 G DI GELATINA IN FOGLI
- 3 UOVA
- 2 CUCCHIAI DI ZUCCHERO
- 250 G DI MASCARPONE
- CACAO IN POLVERE Q.B.

1 Appoggiamo sopra un piatto solo il cerchio di una tortiera a cerniera.

2 Tagliamo il pandoro e ricaviamo 4 fette orizzontali: una la usiamo per la base, altre due le tagliamo in 4 parti per ottenere degli spicchi con cui foderiamo il cerchio in verticale.

3 Prepariamo la bagna con il rum allungato con acqua e inzuppiamo la base e i bordi con un pennello. Mettiamo a bagno la gelatina in acqua fredda.

4 Montiamo a neve gli albumi con uno sbattitore elettrico.

5 Uniamo lo zucchero ai tuorli e montiamo con lo sbattitore, quindi versiamo un cucchiaio di rum, il mascarpone e frulliamo ancora per amalgamare. Incorporiamo gli albumi montati a neve poco alla volta, fino a ottenere una crema liscia e soffice.

6 Mettiamo la gelatina in un pentolino con 1-2 cucchiai di acqua e portiamo sul fuoco per farla sciogliere. Poi la incorporiamo alla crema e mescoliamo bene.

7 Versiamo metà della crema sulla base di pandoro. Sistemiamo l'ultima fetta in orizzontale e bagniamo con il rum. Versiamo il resto della crema e livelliamo con un cucchiaio.

Charlotte di pandoro, ovvero come riciclare il dolce delle feste!

8 Trasferiamo in frigo a raddensare per 2-3 ore circa. Quindi togliamo il cerchio della tortiera: la nostra charlotte di pandoro non si muoverà!

9 Per decorare tagliamo tre strisce di carta forno e le appoggiamo sulla superficie a uguale distanza l'una dall'altra, spolveriamo di cacao, poi le solleviamo delicatamente. Infine leghiamo un nastrino rosso adatto alle feste attorno alla torta e lo fermiamo con un bel fiocco!!!

7

9

PANETTONE ROSE CAKE

8-10 PERSONE

ingredienti

- 4 FETTE DI PANETTONE
- 250 G DI MASCARPONE
- 500 ML DI PANNA DA MONTARE ZUCCHERATA
- CREMA DI NOCCIOLE Q.B.
- GLITTER ALIMENTARE DORATO (FACOLTATIVO)

per la bagna

- 150 ML DI CAFFÈ
- 150 ML DI ACQUA

1 Ricaviamo le 4 fette che servono tagliando il panettone, in orizzontale, in dischi di 3 cm di spessore.

2 Prepariamo il ripieno. Per essere più veloci montiamo in una ciotola il mascarpone e la panna zuccherata con lo sbattitore elettrico.

3 Prepariamo la bagna con il caffè allungato con l'acqua. Ora disponiamo la prima fetta di panettone su un'alzatina e la inzuppiamo con la bagna aiutandoci con un pennello. Stendiamo la panna, poi aggiungiamo un cucchiaio o due di crema di nocciole e livelliamo con un coltello.

4 Sistemiamo il secondo disco di panettone e ripetiamo l'operazione. Facciamo in totale quattro strati. Sull'ultimo disco di panettone mettiamo solo la bagna al caffè.

5 Quindi ricopriamo tutta la torta con la panna, livellando bene i bordi e la superficie con una spatola. Con la panna rimasta riempiamo la sac à poche con la punta a stella chiusa e realizziamo rose tutto intorno, lasciando libera la superficie.

6 Ora il tocco finale! Per decorare la parte superiore potremmo usare semplicemente il cacao ma, visto che ho pensato questa torta per capodanno, decoriamo con il glitter alimentare dorato, che lasciamo cadere da un colino. Il risultato è davvero elegante! In ultimo ho aggiunto qualche rametto di agrifoglio, tanto per rimanere in tema!

Il panettone rose cake è un modo per riciclare il panettone e preparare un dolce senza cottura in pochi minuti!

CHEESECAKE AL TORRONE

10–12 PERSONE

ingredienti per la base

- 200 G DI AMARETTI
- 100 G DI BURRO FUSO

per la crema

- 250 G DI TORRONE RICOPERTO AL CIOCCOLATO
- 500 ML DI PANNA FRESCA NON ZUCCHERATA DA MONTARE
- 250 G DI MASCARPONE
- 200 G DI FORMAGGIO SPALMABILE
- 100 G DI ZUCCHERO
- QUALCHE GOCCIA DI AROMA MANDORLA
- 12 G DI GELATINA IN FOGLI
- ½ CUCCHIAIO DI ZUCCHERO

1 Per prima cosa tritiamo il torrone per ottenere una granella; ne mettiamo da parte un terzo.

2 Apriamo uno stampo a cerniera di 24 cm di diametro, rivestiamo il fondo con carta forno e poi chiudiamo.

3 Sbricioliamo finemente gli amaretti: sarà sufficiente metterli in un sacchetto di plastica e passarci sopra il matterello. Li versiamo in una ciotola, aggiungiamo il burro fuso e mescoliamo. Rovesciamo tutto nello stampo, compattando bene. Poniamo in frigo 15 minuti a solidificare.

4 Con lo sbattitore elettrico montiamo ben ferma la panna.

5 In un'altra ciotola versiamo il mascarpone, poi il formaggio spalmabile, lo zucchero e amalgamiamo con lo sbattitore elettrico. Ora incorporiamo metà della panna montata e aggiungiamo alcune gocce di aroma mandorla, sempre con lo sbattitore in azione. Da ultimo uniamo la granella di torrone e mescoliamo con una spatola.

6 Facciamo ammorbidire la gelatina in fogli in acqua fredda; quindi la mettiamo in un pentolino e la facciamo sciogliere con un po' di acqua sul fuoco. Versiamola sulla crema e mescoliamo.

7 Togliamo la base dal frigo e versiamo sopra la crema con la granella. Livelliamo bene la superficie e riponiamo in frigo per 3 ore.

8 Alla panna montata avanzata aggiungiamo mezzo cucchiaio di zucchero, mescoliamo e poi riempiamo una sac à poche.

9 Togliamo la torta dal frigo; con la punta di un coltello separiamo delicatamente la cheesecake dalla tortiera, quindi apriamo e trasferiamo su un piatto.

10 Ora versiamo la granella di torrone tenuta da parte solo al centro della torta, fermandoci a due dita dai bordi. Qui con la sac à poche decoriamo con la panna rimasta. La cheesecake al torrone ha il cuore morbidissimo, ma la croccantezza del torrone e del cioccolato!

Anche questa è una ricetta nata dal riciclo: dopo Natale mi ritrovo con diversi torroni di tutti i gusti, e allora li sbriciolo e li uso come ingrediente per questa fantastica cheesecake. Provate anche voi!

PANETTONE IMPASTATO A MANO

8–10 PERSONE

ingredienti per il lievitino

- 30 ML DI ACQUA
- 1 CUCCHIAIO DI MIELE
- 10 G DI LIEVITO DI BIRRA
- 40 G DI FARINA MANITOBA

per l'impasto base

- 350 G DI FARINA (METÀ 00, METÀ MANITOBA)
- 120 ML DI ACQUA
- 120 G DI ZUCCHERO
- 2 TUORLI
- 60 G DI BURRO

per farcire

- 150 G DI UVETTA
- 1 TUORLO
- 20 G DI ZUCCHERO
- ½ FIALETTA DI AROMA ARANCIA
- ½ FIALETTA DI AROMA VANIGLIA
- 60 G DI BURRO AMMORBIDITO
- 50 G DI FARINA
- 100 G DI CANDITI

1 Per prima cosa prepariamo il lievitino. In una ciotola versiamo l'acqua tiepida, il miele e sbricioliamo il lievito di birra. Facciamo sciogliere e, mescolando, incorporiamo la farina. Quando tutto è amalgamato, copriamo con la pellicola e lasciamo lievitare per circa 30 minuti, fino a che non sarà raddoppiato di volume.

2 Intanto dedichiamoci all'impasto. Mischiamo le due farine. In una ciotola versiamo l'acqua, lo zucchero, mescoliamo e aggiungiamo il lievitino amalgamando bene; infine uniamo i tuorli e il burro fuso. Incorporiamo la farina poco per volta, sempre impastando a mano o con un cucchiaio di legno.

3 Quando diventa più consistente, trasferiamo l'impasto sul tavolo e lavoriamo con le mani fino a completo assorbimento della farina. Dobbiamo fare un lavoro energico per almeno 10 minuti: questo passaggio è molto importante perché il panettone risulti soffice.

4 La pasta deve essere liscia ed è pronta quando, tirandola un po', riusciamo a ottenere un velo sottile. Formiamo una palla, la mettiamo in una ciotola, copriamo con la pellicola e con un panno. Lasciamo lievitare almeno 2 ore, l'impasto deve raddoppiare di volume.

5 Mettiamo in ammollo l'uvetta in acqua fredda.

6 Riprendiamo la pasta lievitata e la apriamo, uniamo il tuorlo e lo zucchero, l'aroma arancia e l'aroma vaniglia. Lavoriamo ancora con le mani, poi iniziamo ad aggiungere il burro ammorbidito, un pezzetto alla volta.

7 Incorporiamo anche la farina a mano a mano, quando serve; quindi impastiamo ancora sul piano di lavoro per alcuni minuti.

8 Apriamo l'impasto e uniamo l'uvetta e i canditi, incorporandone una manciata per volta e continuando a lavorare.

9 Infine trasferiamo l'impasto in uno stampo di carta per panettone da 750 g e sistemiamo su una placca, lo copriamo con un sacchetto di plastica e lo lasciamo lievitare per circa 4 ore, fino a che non avrà raddoppiato il suo volume.

10 Con un coltello incidiamo il centro della superficie a croce, allarghiamo i lembi e infiliamo un pezzetto di burro.

11 Mettiamo in forno statico già caldo per i primi 10 minuti a 190 °C e poi a 170 °C per altri 35-40 minuti.

12 Una volta sfornato infilziamo il panettone vicino alla base con dei lunghi stecchini di legno e lo mettiamo a testa in giù dentro una pentola che lo possa contenere, coperto con un panno, fino a completo raffreddamento. In questo modo rimane soffice e non corre il rischio di sgonfiarsi. Quando è freddo, togliamo gli stecchini.

Questo è uno dei dolci di Natale più amati: richiede diversi passaggi, ma vedrete che soddisfazione! Naturalmente chi preferisce il panettone senza canditi può semplicemente omettere questo ingrediente, mentre chi è goloso può aggiungere delle gocce di cioccolato.

RICETTA FURBA

ROTOLINI DOLCI DA BUFFET

15 PERSONE

ingredienti per i rotolini al cacao

- 5 UOVA
- 150 G DI ZUCCHERO
- 130 G DI FARINA
- 20 G DI CACAO AMARO
- ½ BUSTINA DI LIEVITO PER DOLCI (8 G)

per farcire

- 250 G DI RICOTTA
- 2 CUCCHIAI DI ZUCCHERO
- 50 G DI GOCCE DI CIOCCOLATO

per la bagna

- LATTE Q.B.

per decorare

- ZUCCHERO A VELO Q.B.

1 Partiamo con i rotolini al cacao. In una ciotola rompiamo le uova e frulliamo con lo sbattitore elettrico insieme allo zucchero. Quindi incorporiamo la farina poco alla volta. Aggiungiamo il cacao e, continuando a mescolare, anche il lievito.

2 Rivestiamo con carta forno una teglia quadrata di 35x35 cm. Versiamo l'impasto e livelliamo bene con una spatola. Mettiamo in forno già caldo a 180 °C in modalità statica per 15 minuti, oppure a 170 °C in forno ventilato per 13 minuti.

3 Quando è pronto, sforniamo e lasciamo raffreddare a temperatura ambiente. Togliamo il pan di Spagna dalla teglia, lo rovesciamo su un foglio di carta forno pulito e rimuoviamo quello di cottura. Segniamo con un righello tre strisce uguali e tagliamo. Otterremo 3 rettangoli.

4 In una ciotola mescoliamo con un cucchiaio la ricotta, lo zucchero e le gocce di cioccolato fino ad avere una crema.

5 Prepariamo un vassoio con tanti pirottini. Disponiamo ogni striscia di pan di Spagna al cacao sopra un foglio di carta forno e con un pennello la bagniamo di latte. Spalmiamo la farcia su un lato lungo della striscia e la arrotoliamo su se stessa con l'aiuto della carta forno. Stringiamola delicatamente.

6 Con un coltello ben affilato tagliamo tanti rotolini di circa 2 cm di spessore e li sistemiamo nei pirottini. Spolveriamo con un po' di zucchero a velo.

7 Ripetiamo il procedimento (bagniamo, farciamo e arrotoliamo) anche con le altre due strisce di pan di Spagna al cacao. Ed ecco i nostri rotolini al cacao, belli da vedere e buoni da mangiare!

I rotolini sono pasticcini mignon facili da realizzare e pronti in meno di mezz'ora, il che li rende adatti anche a una preparazione dell'ultimo minuto!

ingredienti per i rotolini bianchi

- 5 UOVA
- 150 G DI ZUCCHERO
- 150 G DI FARINA
- ½ BUSTINA DI LIEVITO PER DOLCI (8 G)

per farcire

- 250 G DI MASCARPONE
- 2 CUCCHIAI DI CREMA ALLE NOCCIOLE O NUTELLA

per la bagna

- LATTE Q.B.

per decorare

- ZUCCHERO A VELO Q.B.

8 Adesso vediamo come prepararli in un'altra versione. In una ciotola rompiamo le uova e frulliamo con lo sbattitore elettrico insieme allo zucchero. Quindi incorporiamo la farina poco alla volta e infine il lievito.

9 Rivestiamo con carta forno una teglia quadrata di 35x35 cm. Versiamo l'impasto e livelliamo bene con una spatola. Mettiamo in forno caldo a 180 °C in modalità statica per 15 minuti, oppure a 170 °C in forno ventilato per 13 minuti.

10 Quando il nostro pan di Spagna è pronto, lo lasciamo raffreddare a temperatura ambiente e lo tagliamo seguendo la spiegazione del punto 3.

11 In una ciotola mescoliamo con un cucchiaio il mascarpone con la crema alle nocciole fino a ottenere un composto cremoso.

12 Prepariamo un vassoio con tanti pirottini. Disponiamo una striscia di pan di Spagna sopra un foglio di carta forno e con un pennello la bagniamo di latte. Spalmiamo un lato della striscia con la farcia e la arrotoliamo su se stessa con l'aiuto della carta forno. Stringiamola delicatamente.

13 Con un coltello ben affilato tagliamo tanti rotolini di circa 2 cm di spessore e li sistemiamo nei pirottini. Spolveriamo con un po' di zucchero a velo.

14 Ripetiamo il procedimento (bagniamo, farciamo e arrotoliamo) anche con le altre due strisce di pan di Spagna. Anche i nostri rotolini bianchi sono pronti!

PASTIERA A MODO MIO

8–10 PERSONE

ingredienti per farcire

- 250 G DI GRANO COTTO
- 200 ML DI LATTE
- 1 CUCCHIAINO DI CANNELLA
- BUCCIA DI LIMONE
- 250 G DI RICOTTA
- 250 G DI ZUCCHERO
- 3 UOVA
- 10–20 ML DI AROMA MILLEFIORI

per la pasta frolla

- 2 UOVA
- 100 G DI ZUCCHERO
- 100 ML DI OLIO DI SEMI DI GIRASOLE
- ½ BUSTINA DI LIEVITO VANIGLIATO (8 G)
- 350 G CIRCA DI FARINA

Sarebbe meglio servire la pastiera il giorno successivo alla preparazione.

1 In un pentolino versiamo il grano, il latte, la cannella e un pezzetto di buccia di limone. Mescoliamo bene e portiamo sul fuoco.

2 Il grano va lasciato sul fuoco, continuando a mescolare, fino a quando non ha assorbito il latte, ci vorranno 10-15 minuti. Poi spegniamo e togliamo la buccia di limone. Versiamo il grano in una ciotola capiente e lasciamo raffreddare.

3 Per la pasta frolla, rompiamo in una ciotola le uova, aggiungiamo lo zucchero, l'olio e il lievito. Iniziamo a incorporare la farina poco per volta. L'impasto è pronto quando non si attacca più alle mani.

4 Amalgamiamo la ricotta con il grano, poi uniamo lo zucchero e anche i 3 tuorli.

5 Montiamo a neve gli albumi e incorporiamo poco per volta anche quelli, mescolando con un cucchiaio; infine aggiungiamo l'aroma millefiori.

6 Il ripieno della pastiera è pronto. A piacere possiamo aggiungere anche del cedro candito tagliato a pezzetti.

7 Ungiamo e infariniamo uno stampo di 26 cm di diametro. Stendiamo con il matterello due terzi della pasta frolla e la trasferiamo nella tortiera. Tagliamo i bordi in eccesso con un coltello, quindi versiamo il nostro ripieno di crema e grano. Dalla pasta eliminata ricaviamo delle striscioline per fare una guarnizione tipo crostata.

8 Mettiamo in forno statico preriscaldato prima a 170 °C per 50 minuti, poi a 160 °C per 15 minuti. Prima di togliere la pastiera dallo stampo aspettiamo che si raffreddi completamente.

TORTA NOCI, UVETTA E CIOCCOLATO

8–10 PERSONE

ingredienti

- 100 G DI UVETTA
- 180 G DI FARINA
- 180 G DI ZUCCHERO
- 100 G DI BURRO
- 200 G DI NOCI
- 100 G DI CIOCCOLATO FONDENTE
- 4 UOVA

1 Mettiamo l'uvetta in acqua.

2 In una ciotola mischiamo la farina con lo zucchero. Aggiungiamo il burro fuso e amalgamiamo bene con un cucchiaio di legno fino a ottenere un composto sabbioso.

3 Uniamo l'uvetta strizzata, le noci spezzettate grossolanamente e il cioccolato ridotto in scaglie. Amalgamiamo bene tutti gli ingredienti.

4 Aggiungiamo al composto un uovo alla volta e mescoliamo. Uniamo un altro uovo solo quando il precedente è stato incorporato completamente.

5 Trasferiamo il composto in uno stampo di 26 cm di diametro, imburrato e rivestito con carta forno. Livelliamo la superficie con un cucchiaio.

6 Cuociamo la torta in forno statico preriscaldato a 180 °C per 40 minuti. Lasciamo raffreddare e... gnam!

La ricetta di questa torta è della signora Luisella. Lei ogni Natale ne preparava tantissime e le regalava ad amici e parenti. Proprio una bella idea!

MINI PAVLOVE ALLA FRUTTA

9 MINI PAVLOVE

ingredienti

- 3 ALBUMI
- 1 CUCCHIAINO DI SUCCO DI LIMONE
- 180 G DI ZUCCHERO
- 15 G DI AMIDO DI MAIS

per farcire

- 200 ML DI PANNA ZUCCHERATA
- 200 G DI FORMAGGIO SPALMABILE TIPO PHILADELPHIA

per decorare

- TOPPING ALL'AMARENA
- FRUTTA FRESCA (FRUTTI DI BOSCO, MIRTILLI, FRAGOLE, RIBES)

1 Separiamo gli albumi dai tuorli. Aggiungiamo agli albumi il limone e montiamo a neve ben ferma, uniamo lo zucchero un po' alla volta continuando a frullare, infine l'amido di mais. Frulliamo ancora un po' ed ecco pronta la base delle pavlove.

2 Rivestiamo la placca con la carta forno, poi prendiamo una sac à poche con la punta a stella e la riempiamo con il composto. Facciamo semplicemente due giri per ottenere delle mini pavlove vuote al centro.

3 Mettiamo in forno statico preriscaldato e lasciamo cuocere a 120 °C per un'ora e 15 minuti, oppure a 110 °C per un'ora e 15 minuti in modalità ventilata.

4 Terminata la cottura, i dolci saranno croccanti e leggermente dorati. Lasciamoli raffreddare completamente e prepariamo la farcitura.

5 Versiamo la panna in una ciotola e la montiamo ben ferma, quindi aggiungiamo il formaggio spalmabile e continuiamo a frullare. Con la sac à poche riempiamo prima il foro, poi decoriamo la superficie.

6 Ora possiamo guarnire le mini pavlove come preferiamo. Io ho usato il topping all'amarena e decorato con frutti di bosco, mirtilli, fragole e ribes.

Le mini pavlove possono essere guarnite con tutti i tipi di frutta fresca come kiwi, banane, ananas, e decorate con granella di nocciola, scaglie di cioccolato o semplicemente amarene sciroppate.

TORTA FURBA: COME TAGLIARE LA BASE

TORTA FURBA

Le torte furbe sono dolci solo all'apparenza complessi. Procediamo così: cuociamo la base di pan di Spagna in uno stampo di 35x35 cm. La tagliamo con il coltello e, per agevolarci ed essere più precisi, usiamo un righello. Qui sotto vi mostro in poche mosse come fare per ottenere triangoli e quadrati perfetti o il disegno che più vi piace. Una vera furbata!

TORTA TRIANGOLARE

come la torta furba al pistacchio

TORTA QUADRATA

come la torta furba ai frutti di bosco

Un'altra furbata sta nella cottura: un impasto così basso si cuoce in poco tempo e noi possiamo comporre una torta elegante e sofisticata in un batter d'occhio! Torte furbe al 100%!

TAGLIO A CUORE

come la torta furba panna e cioccolato

TORTA RETTANGOLARE

come la torta furba alle fragole

TORTA FURBA

TORTA FURBA AL PISTACCHIO

12 PERSONE

ingredienti per il pan di Spagna

- 4 UOVA
- 150 G DI ZUCCHERO
- 150 G DI FARINA
- ½ BUSTINA DI LIEVITO PER DOLCI (8 G)

per farcire

- 250 G DI MASCARPONE
- 500 ML DI PANNA ZUCCHERATA
- 250–300 G DI CREMA DI PISTACCHIO
- QUALCHE GOCCIA DI COLORANTE VERDE (FACOLTATIVO)
- GRANELLA DI PISTACCHIO Q.B.

per la bagna

- 2 CUCCHIAI DI ZUCCHERO
- 250 ML DI ACQUA CALDA

per decorare

- PISTACCHI INTERI NON SALATI (FACOLTATIVO)

1 In una ciotola rompiamo le uova e frulliamo con lo sbattitore elettrico. Aggiungiamo lo zucchero, poi la farina poco alla volta e il lievito.

2 Rivestiamo con carta forno uno stampo quadrato di 35x35 cm, versiamo l'impasto e livelliamo. Cuociamo in forno caldo a 180 °C per 10-15 minuti in modalità statica. Lasciamo raffreddare, poi rovesciamo il pan di Spagna su un nuovo foglio di carta forno. Aiutandoci con un righello, tagliamo la base a X per ottenere 4 triangoli uguali.

3 In una ciotola raccogliamo il mascarpone e la panna zuccherata, montiamo con lo sbattitore elettrico fino a rendere il composto ben fermo. Incorporiamo la crema al pistacchio. Possiamo aggiungere qualche goccia di colorante alimentare verde per accentuare la tinta.

4 Per la torta furba al pistacchio ho scelto una bagna semplicissima per non coprire o alterare il gusto dei semi. Mescoliamo perciò un po' di zucchero con l'acqua calda.

5 Su un piatto o un vassoio sistemiamo il primo triangolo di pasta. Con un cucchiaio lo inzuppiamo con la bagna, stendiamo uno strato di crema al pistacchio e cospargiamo di granella. Facciamo lo stesso con gli altri tre triangoli. Livelliamo bene sui bordi e teniamo da parte un po' di crema per la decorazione. Spolveriamo l'ultimo strato di granella.

6 Con la crema rimasta riempiamo la sac à poche, facciamo dei ciuffetti lungo il perimetro dei triangoli e distribuiamo pistacchi interi non salati a piacere. Visto che ho scelto un bel piatto quadrato, decoro anche la parte vuota allo stesso modo.

TORTA FURBA

TORTA FURBA AI FRUTTI DI BOSCO

12 PERSONE

ingredienti per farcire e per la bagna

- 300 G DI FRUTTI DI BOSCO
- SUCCO DI ½ LIMONE
- 3 CUCCHIAI DI ZUCCHERO
- 1 BUSTINA DI VANILLINA
- ½ BICCHIERE DI ACQUA
- 500 ML DI PANNA ZUCCHERATA
- 250 G DI MASCARPONE

per il pan di Spagna

- 4 UOVA
- 150 G DI ZUCCHERO
- 150 G DI FARINA
- ½ BUSTINA DI LIEVITO PER DOLCI (8 G)

per decorare

- FRUTTI DI BOSCO A PIACERE

1 Prima di tutto prepariamo i frutti di bosco. Con un solo ingrediente otteniamo la bagna, il colorante per la crema e il ripieno. In un pentolino versiamo i frutti di bosco, freschi o surgelati, aggiungiamo il succo di limone, lo zucchero e la bustina di vanillina, portiamo sul fuoco e lasciamo cuocere per 5 minuti mescolando.

2 Spegniamo e filtriamo con un colino per separare i frutti di bosco dal succo. A questo aggiungiamo l'acqua per allungarlo. Questa è la nostra bagna.

3 Prepariamo il pan di Spagna. In una ciotola rompiamo le uova e frulliamo con lo sbattitore elettrico. Aggiungiamo lo zucchero, poi la farina poco alla volta e il lievito.

4 Usiamo uno stampo quadrato di 35x35 cm perché il pan di Spagna risulti sottile senza bisogno di tagliarlo. Rivestiamolo con carta forno.

5 Versiamo l'impasto sulla placca e livelliamo la superficie con una spatola. Cuociamo in forno caldo a 180 °C per 10-15 minuti in modalità statica. Lasciamo raffreddare, poi rovesciamo il pan di Spagna su un nuovo foglio di carta forno e rimuoviamo delicatamente quello di cottura. Abbiamo un pan di Spagna piatto e quadrato.

Ricetta per fare una torta in mezz'ora. Una preparazione con panna e frutti di bosco dalla forma quadrata ed elegante come in pasticceria! Il ripieno è morbido e irresistibile!

6 Ora, dopo aver segnato la metà del quadrato, con l'aiuto di un righello lo tagliamo in 4 parti uguali.

7 Montiamo la panna in una ciotola capiente, in un'altra ammorbidiamo il mascarpone e aggiungiamo una parte del liquido ai frutti di bosco. Frulliamo il tutto e, quando è ben omogeneo, uniamo la panna montata poco per volta, continuando a frullare. La panna assume un bel colore violetto! Versiamo un altro po' di succo, se vogliamo un colore più intenso.

8 Ora assembliamo la torta! Mettiamo sul piatto il primo strato, lo bagniamo e poi versiamo 2-3 cucchiai di crema, aggiungiamo 2 cucchiai di frutti di bosco e passiamo al secondo strato. Andiamo avanti così fino al quarto strato, sul quale versiamo un po' di bagna.

9 Spalmiamo la crema su tutta la torta. Con un coltello cerchiamo di livellare e renderla liscia. Con la crema avanzata riempiamo la sac à poche e realizziamo solo alcune roselline, perché si deve vedere che è un dolce quadrato. Infine aggiungo un po' di frutti di bosco. Abbiamo fatto proprio una super torta!!!

Qui ho usato i frutti di bosco, ma possiamo sfruttare questa ricetta per qualsiasi tipo di torta: al cioccolato, alla nocciola, al pistacchio o al limone!

TORTA FURBA

TORTA FURBA PANNA E CIOCCOLATO

12 PERSONE

ingredienti per il pan di Spagna

- 4 UOVA
- 150 G DI ZUCCHERO
- 120 G DI FARINA
- 30 G DI CACAO AMARO
- ½ BUSTINA DI LIEVITO PER DOLCI (8 G)

per la crema

- 500 ML DI PANNA ZUCCHERATA
- 100 G DI LATTE CONDENSATO
- CIOCCOLATO FONDENTE TRITATO Q.B.

per la bagna

- 150 ML DI CAFFÈ
- 150 ML DI ACQUA

1 Prepariamo il pan di Spagna al cacao. In una ciotola rompiamo le uova e frulliamo con lo sbattitore elettrico. Aggiungiamo lo zucchero, poi poco alla volta la farina, il cacao amaro e il lievito.

2 Rivestiamo con carta forno uno stampo quadrato di 35x35 cm, versiamo l'impasto e livelliamo. Cuociamo in forno caldo a 180 °C per 10-15 minuti in modalità statica. Lasciamo raffreddare, poi rovesciamo il pan di Spagna su un nuovo foglio di carta forno, rimuovendo quello di cottura.

3 Per formare i cuori (2 grandi e 2 piccoli) potete disegnarne uno per misura, ritagliare il foglio, appoggiarlo sulla superficie e seguire il contorno con un coltello affilato o con una rotella. In fondo al libro trovate lo stencil da stampare e ritagliare nelle dimensioni che preferite.

4 Sbricioliamo e raccogliamo in una ciotola i pezzi di pan di Spagna avanzato, perché servirà come decorazione.

5 Per la crema, montiamo a neve ben ferma la panna zuccherata e aggiungiamo il latte condensato (potete sostituirlo con il miele).

6 Per preparare la bagna è sufficiente miscelare il caffè con l'acqua.

Torta a forma di cuore per un... dolce San Valentino, per un anniversario o una cena romantica. Questa torta sofisticata ed elegante stupirà tutti!

7 In un piatto o su un vassoio sistemiamo uno dei cuori più grandi e lo inzuppiamo con la bagna aiutandoci con un pennello. Distribuiamo la crema e cospargiamo le scaglie di cioccolato.

8 Appoggiamo sopra il secondo cuore e ripetiamo l'operazione. Ora passiamo ai cuori piccoli che sistemiamo al centro, alternandoli alla farcia. Ricopriamo di crema anche i bordi della torta.

9 Decoriamo con le briciole di pan di Spagna il centro del cuore piccolo e la superficie attorno alla sua base. Con la crema avanzata riempiamo la sac à poche e decoriamo i bordi della torta. Ecco pronto il nostro dolce bicolore a forma di cuore! Nel taglio gli strati di panna e cioccolato sono stupendi. Non resta che assaggiare!

Alla bagna al caffè possiamo aggiungere qualche cucchiaio di rum, di grappa o di liquore al cioccolato. Otterremo un sapore molto più grintoso!

Love

TORTA FURBA

TORTA FURBA ALLE FRAGOLE

12 PERSONE

ingredienti per la crema

- 500 ML DI LATTE
- 1 BUSTINA DI VANILLINA
- 40 G DI AMIDO DI MAIS
- 100 G DI ZUCCHERO

per il pan di Spagna

- 4 UOVA
- 150 G DI ZUCCHERO
- 150 G DI FARINA
- ½ BUSTINA DI LIEVITO PER DOLCI (8 G)

per farcire

- ½ KG DI FRAGOLE + 7-8 PER DECORARE
- 1 CUCCHIAIO DI ZUCCHERO
- SUCCO DI 1 LIMONE
- 500 ML DI PANNA ZUCCHERATA
- ½ BICCHIERE DI ACQUA

1 Laviamo e tagliamo a pezzettini le fragole, serviranno per la farcitura e per la bagna. Le lasciamo macerare con zucchero e limone per almeno un'ora.

2 Per la crema mettiamo a scaldare in un pentolino il latte (non deve bollire) e la vanillina. In una pentola uniamo l'amido di mais e lo zucchero e mischiamo bene. Aggiungiamo poco alla volta il latte caldo e mescoliamo con la frusta per evitare grumi. Portiamo la pentola sul fuoco e continuiamo a girare fino a quando la crema non si sarà addensata (ci vorranno circa 4 minuti). Poi la copriamo con la pellicola e lasciamo raffreddare; in questo modo la superficie non si seccherà.

3 Prepariamo il pan di Spagna. In una ciotola rompiamo le uova e frulliamo con lo sbattitore elettrico. Aggiungiamo lo zucchero, poi la farina poco alla volta e il lievito.

4 Rivestiamo con carta forno uno stampo quadrato di 35x35 cm, versiamo l'impasto e livelliamo. Cuociamo in forno caldo a 180 °C per 10-15 minuti in modalità statica. Lasciamo raffreddare, poi rovesciamo la pasta su un nuovo foglio di carta forno e rimuoviamo quello di cottura.

5 Aiutiamoci con un righello e dividiamo il pan di Spagna in 3 rettangoli uguali. Con un coltello regoliamo i bordi esterni.

6 Prepariamo la farcitura alle fragole. In una ciotola capiente montiamo ben ferma la panna. Riprendiamo la crema al latte ormai fredda e la mescoliamo qualche secondo con le fruste per ammorbidirla. Incorporiamo metà della panna montata prima con la spatola, poi con il frullino. La rimanente panna servirà per la decorazione.

7 Con l'aiuto di un colino separiamo le fragole che avevamo messo a macerare dal succo. Useremo le fragole per il

ripieno, mentre il succo allungato con l'acqua sarà la nostra bagna.

8 Ora assembliamo la torta. Su un vassoio o un piatto rettangolare mettiamo il primo strato di pan di Spagna, lo bagniamo bene con il succo, e con la spatola spalmiamo abbondante crema; distribuiamo infine 2-3 cucchiai di fragole a pezzetti. Proseguiamo così fino al terzo strato, sul quale versiamo solo un po' di bagna.

9 Per decorare ricopriamo tutta la torta con la panna montata tenuta da parte. Con l'aiuto di un coltello livelliamo bene in modo da assecondare la forma rettangolare e rendere la torta perfettamente liscia.

10 Prendiamo le fragole per decorare, le tagliamo a metà e le disponiamo trasversalmente sulla torta, alternandole a ciuffetti di panna fatti con la sac à poche. Io ho scelto di realizzare la decorazione in questo modo, ma... spazio alla fantasia!

Qualche trucco super collaudato
per risolvere i piccoli problemi
quotidiani delle nostre case...
e non solo della cucina!
Senza acquistare prodotti industriali
o strumenti particolari,
possiamo fare molto, anzi
quasi tutto, con metodi naturali!

COME FARE PER...

ELIMINARE LA PUZZA DI FRITTO E I CATTIVI ODORI

Non c'è niente di meglio che sentire il profumo dei biscotti in forno, di una buona zuppa che bolle in pentola, del caffè alla mattina. L'aroma si diffonde per tutta la casa. A chi non è mai capitato di sentire il profumino del pranzo già dalle scale?!

Eppure non tutti i piatti lasciano un odore altrettanto gradevole: il pesce, i broccoli, i cavolfiori... Se poi facciamo qualche errore e i nostri biscotti in forno bruciano... altro che profumino!

Vediamo un metodo naturale per eliminare la puzza di fritto e i cattivi odori, e profumare la casa con ingredienti facilmente reperibili.

Mettiamo un pentolino pieno d'acqua sul fuoco. Possiamo far bollire diverse combinazioni di aromi adatte a differenti necessità. Per esempio possiamo unire

- fette di limone e rosmarino: questo mix è adatto per eliminare gli odori di pesce e di carne;
- foglie di alloro: un vero mangia-odori naturale, molto utile per le fritture e contro l'odore di bruciato;
- aceto di mele o di vino, perfetti per neutralizzare la puzza di broccoli e cavolfiori (possiamo aggiungerli direttamente nell'acqua di bollitura delle verdure);
- cannella e scorza d'arancia: emanano un profumo rilassante ed eliminano gli odori in generale;
- bacche di ginepro e noce moscata, eccellenti per chi adora le spezie;
- chicchi di caffè e anice stellato, per un profumo fresco e inebriante (se usiamo caffè d'orzo, possiamo anche berlo!);
- buccia di mandarino e chiodi di garofano: rilasciano un aroma intenso e persistente.

Come vedete, preparare un profumatore per ambienti ecologico è molto semplice: basta lasciar bollire l'acqua in modo che i vapori si diffondano in cucina e per la casa. La puzza di fritto e i cattivi odori saranno eliminati facilmente.

Possiamo usare questo metodo anche quando non cuciniamo, portando il pentolino nelle varie stanze per profumare gli ambienti.

PREPARARE IL DADO VEGETALE IN CASA

che cosa ci serve

500 G DI VERDURE MISTE · 1 CUCCHIAIO DI OLIO EXTRAVERGINE DI OLIVA · 150 G DI SALE

In una padella raccogliamo le verdure pulite e tagliate a dadini. Io in genere uso 1 zucchina, 1 gambo di sedano, 1 patata piccola, 2 carote e mezza cipolla, ma la combinazione può variare: a piacere potete usare spinaci, bietole, scalogno, piselli, prezzemolo, pomodorini, spezie...

Aggiungiamo l'olio extravergine di oliva. Portiamo sul fuoco e facciamo appassire per circa 10 minuti continuando a mescolare. Mettiamo il sale e proseguiamo la cottura per altri 10 minuti.

Trasferiamo tutto nel mixer e frulliamo, poi rimettiamo le verdure in padella e facciamo asciugare per circa 5 minuti, mescolando. Versiamo il tutto su un foglio di carta forno; con un cucchiaio formiamo un panetto rettangolare e mettiamo in freezer per 12 ore. Trascorso il tempo di congelamento, con un coltello tagliamo circa 12 cubetti. Ecco il nostro dado vegetale fatto in casa!

Conserviamolo in un contenitore ermetico. Mettiamo dei quadratini di carta forno tra un dado e l'altro in modo che non si attacchino. Dal momento che non usiamo conservanti, è importante tenere il contenitore in freezer.

Prepariamo la nostra piccola scorta di dado vegetale naturale senza additivi e conservanti, sano e pronto all'uso per arrosti, minestre, risotti. Possiamo variare i tipi e la quantità di verdure seguendo i nostri gusti o aggiungere spezie a piacere!

PREPARARE LO SPRAY ANTIZANZARE NATURALE FAI DA TE

che cosa ci serve

20 G DI ALCOL BUONGUSTO A 95° · 5 G DI GLICERINA · 24 G DI ACQUA NATURALE · 20 GOCCE DI OLIO ESSENZIALE DI CITRONELLA · 10 GOCCE DI OLIO ESSENZIALE DI GERANIO · FLACONE CON VAPORIZZATORE

Quando arriva l'estate, compaiono anche le zanzare: è assolutamente necessario un repellente per tenerle lontane. In commercio ci sono prodotti di ogni tipo, ma possiamo prepararne uno in casa con ingredienti naturali, in pochi minuti e a un costo decisamente inferiore!

Realizziamo uno spray per proteggerci da questi fastidiosi insetti. L'azione degli oli essenziali di citronella e geranio lo rende estremamente efficace contro le zanzare, mentre la glicerina lascerà la pelle morbida e idratata.

Con un bilancino di precisione pesiamo nello stesso recipiente l'alcol, la glicerina e l'acqua. Mescoliamo per bene con l'olio essenziale di citronella e quello di geranio e versiamo il composto ottenuto in un flacone con vaporizzatore.

Ecco il nostro antizanzare naturale: è già pronto per l'utilizzo! È adatto a tutti i tipi di pelle, anche a quella delicata dei bambini.

Ora possiamo goderci le serate estive all'aperto, i picnic, le gite e le passeggiate! Le zanzare non sono più un problema: io porto il flaconcino sempre in borsa!

In giardino, oppure in prossimità di porte e finestre, possiamo tenere vasi con basilico, lavanda, citronella, calendula, gerani o erba gatta. Le zanzare non amano queste piante e troveranno meno attraente la nostra casa.

PREPARARE LA POMATA ALLA CALENDULA

che cosa ci serve

50 G DI OLEOLITO DI CALENDULA · 10 G DI CERA D'API
1 CUCCHIAINO DI TINTURA MADRE DI CALENDULA · 1 VASETTO DI VETRO

Questo antico rimedio, grazie alle potenti proprietà lenitive e antinfiammatorie della calendula, è una vera e propria panacea per moltissimi problemi. Piccole ferite, contusioni, scottature, punture di insetti, eritemi, pruriti, eczemi, screpolature e irritazioni trovano immediato sollievo con l'applicazione di questa pomata.

Per realizzarla bastano pochi ingredienti, relativamente facili da reperire nelle farmacie, nelle erboristerie oppure on-line.

Con un bilancino di precisione pesiamo l'oleolito e la cera d'api.

Portiamo sul fuoco un pentolino con acqua e mettiamo il nostro recipiente a bagnomaria, mescolando continuamente per far sciogliere la cera. Quando il prodotto è completamente liquido, spegniamo il fuoco.

Aggiungiamo la tintura madre di calendula. Siccome è un estratto alcolico di circa 60°, è bene fare questa operazione sempre a fuoco spento.

Riaccendiamo il fuoco e mescoliamo per circa 30 secondi.

Ora versiamo il preparato in un vasetto. Lasciamo raffreddare per qualche minuto; il prodotto si solidifica e la nostra pomata alla calendula è pronta!

A piacere, durante la preparazione possiamo aggiungere oli essenziali profumati. Una volta chiuso, il vasetto si conserva per due anni a temperatura ambiente.

Questo è un procedimento veloce e semplice per preparare in casa un toccasana naturale per molti problemi di pelle.

Mia zia e mia nonna! Una continua fonte di ispirazione e di forza. Lo ammetto: tanti trucchi li ho imparati da loro, e ancora oggi, se ho dei dubbi, non esito a chiedere consigli!

Marco è il mio compagno nella vita e in quest'avventura. Progettiamo, lavoriamo, discutiamo, ridiamo, litighiamo, ci sosteniamo a vicenda: insieme siamo una forza! Nuvola, per non sbagliare, dà ragione a tutti e due...

RINNOVARE I MOBILI CON OLIO E CERA NATURALI

che cosa ci serve

CIRCA 10 MALLI DI NOCE ANCORA VERDI · ½ LITRO DI OLIO DI SEMI DI LINO · 20 G DI CERA D'API
1 BOTTIGLIA DI VETRO SCURO · 1 VASETTO O CONTENITORE DI PLASTICA CON COPERCHIO

I mobili in legno sono bellissimi e, se sono ben tenuti, durano molti anni, tanto da essere tramandati di generazione in generazione. Oggi ci sono molti prodotti in commercio per la pulizia e la conservazione del legno, ma sono costosi e spesso contengono prodotti di sintesi. Le nostre nonne non ne avevano bisogno perché sapevano come prendersi cura dei loro mobili in legno con ingredienti naturali. Ecco due prodotti rinnovamobili fatti in casa.

Quando il giorno di San Giovanni raccolgo le noci per il nocino, ne prendo in abbondanza e una parte la utilizzo per preparare i miei rinnovamobili.

Acquisto l'olio di lino dal ferramenta: è un rimedio molto antico che crea una barriera protettiva contro l'umidità e lo sporco, allungando la vita dei nostri mobili. Inoltre ravviva il colore e lucida.

Per prima cosa riduciamo i malli di noce a pezzettini sopra un tagliere, li mettiamo in un vaso capiente e li ricopriamo con l'olio di lino. Chiudiamo il vaso e riponiamolo al sole per 10-15 giorni, finché l'olio non assume un colore bello scuro. A questo punto filtriamo e ne versiamo una parte in una bottiglia scura.

Possiamo usare l'olio direttamente sui mobili e stenderlo con un panno morbido per strofinare. Il legno ritrova subito lucentezza e colore!

Il resto dell'olio lo usiamo per realizzare la cera. Ne versiamo 100 g in un pentolino, aggiungiamo 20 g di cera d'api grattugiata (la cera io la prendo dall'apicoltore e costa pochissimo). Portiamo sul fuoco e facciamo sciogliere completamente la cera, poi versiamo in un vasetto o in un contenitore di plastica col coperchio. All'occorrenza prendiamo un po' di questo composto da distribuire sui mobili con un panno morbido così, oltre a essere rinnovati, saranno anche protetti.

La cera è molto utile per i mobili in legno da giardino che sono esposti al sole e alla pioggia e hanno bisogno di una cura maggiore.

COME FARE PER...

PROFUMARE LA CASA IN MODO NATURALE

che cosa ci serve

VASETTI DI VETRO · VODKA SECCA · CAFFÈ IN CHICCHI (OPPURE: VANIGLIA · SPEZIE · OLI ESSENZIALI)

Mettiamo dei chicchi di caffè in un vasetto di vetro, copriamo con vodka secca (va bene anche quella più economica), chiudiamo con il coperchio e agitiamo bene. Teniamo in dispensa a macerare per 10-15 giorni, dopodiché apriamo il vasetto... Che buon profumo intenso!

Con lo stesso sistema possiamo preparare un vasetto con la vaniglia, per esempio recuperando i pezzi di stecca avanzati dalla preparazione della crema pasticcera.

Oppure possiamo adoperare un mix di spezie, come cannella, chiodi di garofano e anice stellato.

Versiamo un cucchiaino di macerato nel piattino del diffusore e allunghiamo con poca acqua, poi accendiamo la candela: il profumo si diffonderà per tutta la stanza.

Scegliamo la fragranza a seconda delle necessità. Per esempio io uso il caffè quando ho bisogno di una carica di energia per lavorare al computer, il mix di spezie quando voglio concentrarmi e l'aroma di vaniglia quando desidero rilassarmi, magari leggendo un bel libro.

Un profumatore ecologico, e senza controindicazioni, con ingredienti naturali facili da trovare. Decisamente economico!

PROFUMARE LA BIANCHERIA CON I FUSI DI LAVANDA

che cosa ci serve

11 SPIGHE DI LAVANDA ANCORA CHIUSE · 1.6 METRI DI RASO (ALTO 4 MM)
1 STECCHINO LUNGO · 1 PAIO DI FORBICI

La lavanda è, da secoli, sinonimo di profumo, e ancora oggi viene impiegata per molteplici usi in ambito cosmetico, alimentare e medicale. Con questi fusi di lavanda la biancheria sarà naturalmente e delicatamente profumata dalle fragranze ricche di proprietà rilassanti.

Puliamo i rametti da fiori e foglie presenti sul gambo, che deve risultare liscio. Li raggruppiamo insieme e li leghiamo alla base delle spighe con il nastrino, facendo un doppio nodo con un capo del nastro. Capovolgiamo il mazzolino e, partendo dal punto in cui lo abbiamo legato, pieghiamo i gambi verso il basso, con delicatezza e senza spezzarli. In questo modo le spighe si troveranno "ingabbiate" tra i gambi. Teniamo fuori il nastrino e inseriamo al centro lo stecchino.

Facciamo passare il nastrino prima sopra un gambo e poi sotto il successivo e via così. Il primo giro è fondamentale!

Procediamo in questo modo per tutto il mazzolino, cercando di tenere teso il nastro e i gambi alla stessa distanza. Facciamo attenzione a non saltare nessun rametto e a non far attorcigliare il nastro.

Continuiamo fino ad arrivare appena sotto la base delle spighe, quindi facciamo un giro di nastro all'esterno, sfiliamo lo stecchino e facciamo un bel doppio nodo per chiudere. Facciamo un fiocchetto, quindi arrotoliamo il resto del nastro attorno agli steli. Terminiamo con un altro nodo. Aggiustiamo con le dita per rendere gli spazi tra i giri di nastro più omogenei e pareggiamo i gambi sul fondo con le forbici. E adesso mettiamo il nostro fuso di lavanda nell'armadio della biancheria.

Possiamo creare tanti fusi di lavanda con nastrini di colore diverso. Regaliamoli agli amici: sono originali e romantici!

Lavanda

ELIMINARE AFIDI E COCCINIGLIA NELL'ORTO O IN GIARDINO

che cosa ci serve

ACQUA · SAPONE DI MARSIGLIA

Capita che le nostre piante in casa, nell'orto o in giardino siano attaccate da parassiti come gli afidi e la cocciniglia. Io ho il mio rimedio infallibile che li uccide in breve tempo e dura a lungo.

Preparo una soluzione di acqua e sapone di Marsiglia; va benissimo anche il sapone da bucato che abbiamo fatto in casa.

Con un coltello ne tagliamo un pezzetto e lo frantumiamo o lo grattugiamo fino a ottenerne un paio di cucchiaiate.

In una pentola scaldiamo un litro di acqua e, appena è ben calda, spegniamo il fuoco e aggiungiamo il sapone finché non si sarà sciolto completamente. Lasciamo raffreddare e mettiamo la soluzione in uno spruzzino.

Spruzziamo abbondantemente sulla pianta, sia sulle zone in cui ci sono i parassiti sia sui germogli ancora sani. Nell'arco di qualche giorno vedremo scomparire i parassiti. A questo punto diamo una bella lavata alle foglie e pratichiamo un nuovo trattamento preventivo con la soluzione che abbiamo preparato: terrà alla larga afidi e cocciniglia.

COME FARE PER...

ALLONTANARE LE FORMICHE

che cosa ci serve

CIPOLLA · AGLIO · VODKA SECCA · CANNELLA · CHIODI DI GAROFANO

È bello vivere in campagna in mezzo al verde, ma mi ritrovo costantemente circondata da squadre di formiche pronte a raccogliere ogni singola briciola che cade sul pavimento. La porta della cucina si apre sul giardino, di solito pulisco appena ho finito di cucinare, ma a quel punto un intero formicaio ha già identificato la sua fonte di cibo! Per un intervento di emergenza spargo un po' di borotalco o polvere di caffè: le formiche odiano i profumi e si dileguano immediatamente. A quel punto devo comunque ripulire il disastro che ho fatto sul pavimento!

Allora per prevenire l'arrivo delle formiche uso dei metodi naturali, anche perché ho in casa Nuvola, il mio cane, e non mi va di sistemare esche o altri prodotti chimici che potrebbe annusare o masticare!

Per l'uso esterno prepariamo un macerato mettendo in acqua cipolla e aglio a pezzi. Lasciamo macerare qualche giorno, poi lo versiamo in uno spruzzino e lo spruzziamo all'esterno, sui marciapiedi o nel cortile. Usiamolo solo all'esterno perché l'odore è davvero nauseabondo!!!

Per allontanare le formiche dalla casa, invece, prepariamo una soluzione facendo macerare cannella e chiodi di garofano nella vodka secca (anche di qualità economica). Lasciamo macerare per una decina di giorni, poi spruzziamo negli angoli della casa e sui battiscopa e le formiche staranno lontane!

Ovviamente i prodotti naturali non hanno la stessa efficacia nel tempo di quelli industriali, ma vi assicuro che se sono usati di frequente funzionano alla grande senza effetti collaterali.

DISEGNARE GLI STENCIL PER DECORARE

che cosa ci serve

CARTA FORNO · MATITA · FORBICI

Per creare uno stencil disegniamo a mano libera l'immagine o tracciamo la scritta che vogliamo su un foglio di carta forno. Se non siamo bravi a disegnare o vogliamo una forma particolare, stampiamo il disegno che desideriamo su un normale foglio, lo sovrapponiamo a quello di carta forno, poi lo ricalchiamo con la matita o un pennarello. Poi basta ritagliare lungo il perimetro con le forbici.

Per decorare una torta ora è sufficiente appoggiare lo stencil sulla superficie e spolverare di zucchero a velo o di cacao in polvere, quindi rimuovere delicatamente il foglio...

Lo stencil ci può essere utile anche per tagliare il pan di Spagna. Da una semplice forma quadrata o rotonda possiamo ricavare la sagoma di un cuore, una farfalla, un coniglio, un uovo, una mezzaluna, un albero di Natale: si appoggia lo stencil sulla torta e si segue il contorno con un coltello ben affilato.

Ma lo stencil può essere usato in altri modi. Per esempio quando non abbiamo stampini per fare i biscotti. Vogliamo un biscotto a forma di numero, di ombrellino o di macchinina? Seguiamo lo stesso procedimento, solo creando uno stencil più piccolino. Lo appoggiamo sulla sfoglia e tagliamo con la punta del coltello.

Nelle pagine seguenti ho riportato alcuni esempi di scritte o decorazioni usate per i dolci del libro.

Questa dimensione va bene
per una torta da 24 cm di diametro in su.

Questa dimensione va bene
per una torta da 24 cm di diametro in su.

Questa dimensione va bene
per una torta da 24 cm di diametro in su.

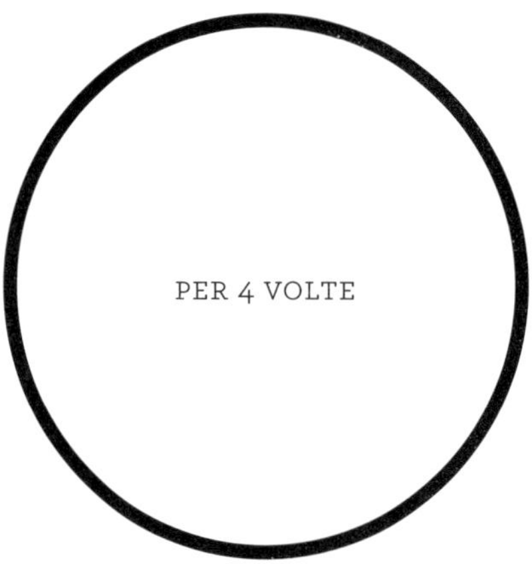

Queste dimensioni, raddoppiate,
vanno bene per la torta fidget spinner di p. 245.

Queste dimensioni, raddoppiate,
vanno bene per la torta furba panna e cioccolato di p. 285.

Questa dimensione, raddoppiata,
va bene per una torta da 24 cm di diametro in su.

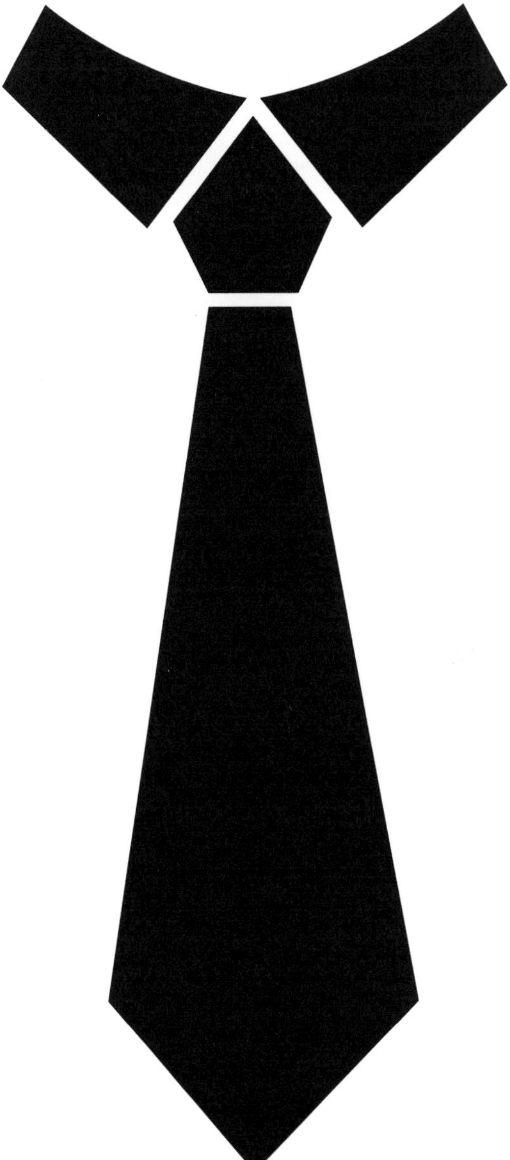

Questa dimensione va bene
per una torta da 24 cm di diametro in su.

MENU

Antipasti

Primi piatti

Secondi piatti

Dessert

IL MIO MENU

È il momento di salutarci! Nella pagina a fianco trovate un menu... il vostro menu. Fotocopiatelo, scegliete le ricette dal libro e componetelo a vostro piacere. La creatività in cucina è tutto!

Non è facile cucinare da soli un intero menu, soprattutto se si hanno tanti ospiti. Se non abbiamo tempo o non siamo in grado di preparare ricette complicate, puntiamo sul sicuro: pochi ingredienti semplici e un piatto ben presentato!

Anche la tavola apparecchiata in modo creativo, con portatovaglioli, qualche candela, un bel centrotavola ha la sua importanza. Avete molte ricette con pasta sfoglia pronta, sia dolci sia salate, e altrettanti impasti facilissimi pronti in pochi minuti. Bastano piccole varianti nel ripieno per ottenere i gusti più diversi. Se invece volete preparare un piatto complesso e sostanzioso, fatelo diventare il piatto forte e mantenetevi sul semplice per tutto il resto.

Il mio ultimo consiglio: per le grandi occasioni come il Natale discutete il menu assieme ad amici e parenti e coinvolgeteli nella preparazione, cucinate tutti insieme o concordate che ognuno cucini qualcosa a casa propria... se no che festa è?!

INDICE DELLE RICETTE

Progetto grafico e impaginazione
studio editoriale copia&incolla

Fotografie
Chiara Patrignani

Prima edizione: novembre 2017

Pubblicato per

MONDADORI
ELECTA

da Mondadori Libri S.p.A.

Undicesima edizione: febbraio 2021

Questo volume è stato stampato
presso Elcograf S.p.A., via Mondadori 15, Verona
Stampato in Italia - Printed in Italy